La déjudiciarisation et les procédures non contentieuses en Afrique

Collection « Études africaines »

dirigée par Denis Pryen et son équipe

Forte de plus de mille titres publiés à ce jour, la collection « Études africaines » fait peau neuve. Elle présentera toujours les essais généraux qui ont fait son succès, mais se déclinera désormais également par séries thématiques : droit, économie, politique, sociologie, etc.

Dernières parutions

BOUOPDA (Pierre Kamé), *L'indépendance du Cameroun, Gloire et naufrages politiques de l'UPC*, 2015.
YEKOKA (Jean Félix), KIDIBA (Samuel) et LEMBIKISSA (Augus) (dir.), *Le mariage coutumier chez les Suundi du Congo-Brazzaville*, 2015.
VITA (Ndugumbo), SAVARD (Denis), FOURNIER (Jean-Pierre), *Reconstruire l'éducation "après-guerre" en R.D. Congo*, 2015.
NGOULOURE NJOYA (Moïse), *Les unions consensuelles chez les femmes africaines*, 2015.
DE YEIMBÉREIN (Bali), *Quand l'Afrique réapparaîtra…*, 2015.
DIANE (Moustapha), *La liberté des médias en Guinée. Entre textes et institutions, quelles réalités ?*, 2015.
TINOU (Robert), *1700 proverbes vili*, 2015.
TINOU (Robert), *Abécédaire du Kouilou*, 2015.
N'GUETTIA KOUASSI (René), *La Côte d'Ivoire de notre rêve*, 2015.
TABEZI PENE-MAGU (Bernard-Gustave), *Évaluer l'élève en Afrique Noire, De la pédagogie traditionnelle aux estimations contemporaines*, 2015
NZENGUI (Aaron Septime), *De Kant à l'Afrique. Réflexion sur la constitution républicaine en Afrique noire*, 2015
HOUEDANOU (Sessinou Emile), *La gestion transfrontalière des forêts en Afrique de l'Ouest*, 2015
EKANZA (Simon-Pierre), *Le Moronou, notre patrimoine, Géographie, Agriculture, et Sociétés*, 2015
KAYOMBO (Chrysostome Cijika), *La planification de l'éducation en Afrique, Mode d'emploi*, 2015
NGALIEU (Désiré), *La secondarisation de l'agriculture en Afrique subsaharienne : une clé pour l'émergence*, 2015

Hygin Didace Amboulou

La déjudiciarisation et les procédures non contentieuses en Afrique

L'Harmattan

5-7, rue de l'École-Polytechnique ; 75005 Paris

http://www.librairieharmattan.com
diffusion.harmattan@wanadoo.fr
harmattan1@wanadoo.fr

ISBN : 978-2-343-06928-9
EAN : 9782343069289

AVANT-PROPOS

Encombrement, lenteur, coût, complexité, distance sont autant de critiques formulées très régulièrement par les justiciables à l'encontre d'un ordre judiciaire qui ne dispose plus des moyens matériels nécessaires pour faire face à l'augmentation du contentieux. Les modes alternatifs de règlement des conflits (MARC) visent à répondre à ces dysfonctionnements de la justice. De plus, ils s'inscrivent au cœur d'un bouleversement de la société visant à la déréglementation, à la recherche de nouveaux pôles de régulation sociale et qui se manifeste essentiellement par un phénomène de contractualisation, de passage de l'imposé au négocié.

Les modes alternatifs comprennent principalement la médiation et la conciliation. Dans les deux cas, l'accent est mis sur la préservation du pouvoir décisionnel des parties au différend. A l'opposé du procès, les MARC permettent une maîtrise du traitement du conflit et expriment la volonté d'aboutir à une solution amiable du différend. C'est la loi du 8 février 1995 qui consacre pour la première fois les modes alternatifs en comprenant un chapitre intitulé ''*la conciliation et la médiation judiciaires*''. En 1998, la loi du 18 décembre prévoit deux séries de dispositions très favorables au développement des modes alternatifs : elle rend possible l'obtention d'une aide juridique lorsque les parties tentent d'aboutir à une transaction avant l'introduction de l'instance, et elle institutionnalise les Maisons de justice et du droit dont l'une des fonctions est d'accueillir les mesures alternatives de traitement pénal et les actions tendant à la résolution amiable des conflits.

La déjudiciarisation comprend donc l'étude des mécanismes de gestion des différends en rationnalisant les moyens matériels et humains de la justice, afin de pallier les déficiences du système judiciaire et de limiter les surcharges des juridictions. C'est l'objet de ce livre. Il analyse les institutions du Bénin, Burkina Faso, Cameroun, Centrafrique, Congo Brazzaville, Congo Kinshasa, Côte d'Ivoire, Gabon, Guinée Bissau, Guinée Conakry, Guinée Equatoriale, Mali, Niger, Sénégal, Tchad et Togo. Il contient :

- une première partie consacrée à la déjudiciarisation en droit public (la médiation internationale, la médiation diplomatique, la médiation politique, la médiation armée, le Médiateur de la République, les recours gracieux et hiérarchiques) ;
- une seconde partie consacrée à la déjudiciarisation en droit privé (l'arbitrage, la conciliation de justice, la transaction juridique, le compromis, les institutions administratives du travail, l'office du notaire, le mini-trial).

Pointe-Noire, le 10-05-2015

PREMIERE PARTIE. LA DEJUDICIARISATION EN DROIT PUBLIC

CHAPITRE 1. LA MEDIATION INTERNATIONALE

Paragraphe 1. Définition

La médiation est un mode amiable de règlement des conflits par lequel un tiers indépendant et impartial, formé à la médiation, aide les parties à trouver une issue négociée à leurs différends, par l'adoption d'une solution consensuelle satisfaisante pour chacune d'elles. L'on note quelques différences. La médiation internationale se conçoit lorsque les parties à la médiation ont, au moment de la médiation, leur établissement, domicile ou nationalité, dans des Etats différents.

Avec la conciliation :
Le médiateur ne cherche pas un juste milieu entre les revendications des parties mais les aide à trouver des solutions alternatives et créatrices.

Avec l'arbitrage :
L'arbitre impose aux parties le règlement des litiges alors qu'en médiation les parties prennent un accord amiable de résolution du litige.

Paragraphe 2. Distinction

La médiation ad hoc, Médiation organisée par les parties elles-mêmes, avec l'appui éventuel de leur conseil.
La médiation institutionnelle, Médiation engagée par les parties, conjointement ou sur l'initiative de l'une d'entre elles, avec l'appui d'un centre de médiation.
La médiation judiciaire. Médiation qui intervient dans le cours d'une instance, à l'initiative des parties ou sur proposition du juge.
La cyber-médiation. Médiation traditionnelle ne requérant pas la présence physique des parties, effectuée par échanges Internet.
Les modes de médiation. Moyen rapide et efficace, Moyen de préserver les relations d'affaires entre les parties, Peu coûteux, Possible « aparté » (entretien séparé du médiateur avec chacune des parties). Intérêt de la médiation.
Les concepts d'indépendance, d'impartialité et neutralité ;
- *indépendance* : absence de tout lien objectif entre le médiateur et l'une des parties, conseils ou tout tiers au processus de médiation ;
- *impartialité* : le médiateur ne doit favoriser aucune des parties (attitude subjective) ;
- *neutralité* : engagement du médiateur à agir indifféremment pour l'une ou l'autre des parties ;

- *la confidentialité*. Les informations qui sont données au médiateur, pendant toute la durée du processus de médiation, ne doivent en aucun cas être divulguées par le médiateur.
Le consensualisme. Dans toute médiation, il est nécessaire de recueillir l'accord de tous, que ce soit pour la décision de s'engager, le déroulement du processus ou l'exécution de la décision, notamment sur :
- les règles fondamentales de la médiation ;
- les difficultés liées aux litiges internationaux ;
- les atouts de la médiation internationale ;
- les particularités de la médiation internationale ;
- la distance géographique.
Les incompréhensions ou malentendus liés aux relations interculturelles,
Les difficultés concrètes d'organisation.
Le problème de l'articulation de la médiation avec différents ordres juridiques.
- les difficultés liées aux litiges internationaux.
Les atouts de la médiation internationale :
- la souplesse - le corpus de méthodes et de principes commun à tous les médiateurs. Comment engager une médiation internationale ? - choix médiation ad hoc institutionnelle - la médiation judiciaire[1]
- les atouts et l'engagement de la médiation internationale ;
Avant : la capacité de consentir à la médiation
Pendant : les règles d'organisation de la médiation
Après : l'homologation et l'exécution de l'accord

Paragraphe 3. Les aspects de droit international privé

Il s'agit de vérifier la capacité de méditer de toutes les personnes physiques ou morales impliquées dans le litige. Le cas échéant, s'assurer que la médiation peut être utilisée pour un litige entre des personnes morales de droit privé et des émanations de personnes morales de droit public ou d 'Etat :
- capacité de consentir à la médiation ;
- pour la médiation ad hoc : C'est le contrat établi et signé par les parties et le médiateur. Pour la médiation institutionnelle: Ce sont les règles de procédure établies par les organismes ou centres de médiation.
L'homologation de l'accord de médiation. Selon le droit applicable, l'homologation de l'accord amiable de médiation peut être demandée au juge compétent. L'homologation confère à l'accord amiable force exécutoire.

[1] Art 131-1 à 131-5 NCPC

La force exécutoire de l'accord de médiation. Ces accords transactionnels sont bien souvent exécutés volontairement. En cas d'une exécution forcée nécessaire, une approche DIP permet de prendre en compte :
- l'exécution de l'accord ;
- le rôle de l'avocat ;
- l'utilité de l'avocat ;
- le secret professionnel et l'obligation de témoigner.

Paragraphe 4. Le rôle de l'avocat dans la médiation internationale

a) Le rôle de l'avocat :

- véritable rôle d'avocat conseil ;
- mieux placé pour connaître les attentes des parties.

b) L'utilité de l'avocat :

- qualité de rédacteur d'actes ;
- maîtrise des conditions de validité et conséquences de l'accord amiable.

c) Le secret professionnel et l'obligation de témoigner :

- l'obligation de témoigner du médiateur est régie par le droit applicable à la médiation ;
- le principe de confidentialité interdit aux médiateurs de témoigner en cas de procédure judiciaire intentée par l'une des parties au sujet d'une médiation dans laquelle le médiateur a été impliqué ;
- efficacité du processus de médiation ;
- question de l'opportunité d'un encadrement juridique de la médiation.

CHAPITRE 2. LA MEDIATION POLITIQUE

La médiation politique est connue dans ses applications dans les relations internationales. Elle présente des différences par rapport à la Médiation des conflits : elle peut avoir un caractère diplomatique avéré, lorsqu'elle consiste en une démarche de réconciliation des parties en conflit par négociation, échange, tractation. Mais la médiation politique peut aussi être placée dans le cadre d'une pression forte, telle que la menace militaire exercée par le tiers médiateur : il s'agit alors de médiation armée.

Section 1. Pratique et théories

Confrontée à la définition de la médiation, la pratique en médiation politique présente des différences très importantes. En fait, il s'agit plutôt d'une approche de négociation. La médiation en matière politique semble s'être particulièrement développée au cours du XIIIe siècle. Nous pouvons en distinguer deux types :
- *la médiation diplomatique* (où le médiateur, s'il est simple ambassadeur, pouvait bien y perdre la vie ou au moins son poste) ;
- *la médiation armée*, où l'intervenant extérieur, qui se positionne en arbitre potentiel, indique aux parties qu'il pourra intervenir de manière contraignante, voire violente si elles ne trouvent pas un accord.

Dans les deux cas, il s'agit d'intervenir dans des contextes de crise, soit de guerre civile, soit de guerres inter-états. Le principe est donc relativement ancien. On retrouve trace du principe de médiation politique avec l'intervention du philosophe Brunetto Latini dans un conflit en Italie, entre Sienne et Florence, en 1260. L'échec de l'intervention du médiateur florentin lui vaut d'être condamné à l'exil et il s'installe en France. Toutefois, l'acte de médiation le plus célèbre en matière politique est certainement celui de Napoléon Bonaparte. Se sentant en dette morale envers Rousseau et pour des considérations stratégiques, le futur empereur s'interpose dans le conflit entre les helvétiques unitaires et les fédéralistes. Sous la menace d'une intervention armée, les Suisses négocient entre eux et en viennent à formaliser un accord. Le résultat est l'Acte de médiation de 1803 qui instaure la Confédération d'États encore actuelle.

L'œuvre de Gaston Bouthoul (1896-1980), créateur de la polémologie, qui a publié dans la collection *Médiations* chez Denoël, sur les facteurs dits *polémogènes*, la Médiation politique trace son chemin depuis 1945. L'approche positive de la guerre par l'auteur devait *constituer une alternative efficace au moralisme militant des mouvements pacifistes*. Sur ces travaux qui ont eu un retentissement international, la Médiation a commencé à poindre et se définir comme outil conceptualisé...

Parallèlement, Alexandre Kojève (1902-1968), philosophe et politicien, est une figure du XXe siècle en matière de médiation politique internationale. Sa réflexion sur les rapports de force développe les relations maître-esclave et valorise la notion de reconnaissance, laquelle est en effet fondatrice de toute médiation.

CHAPITRE 3. LA MEDIATION ARMEE[2]

Les inspecteurs généraux mentionnés aux articles D. 3124-1 et D. 3124-7 du code de la défense exercent la fonction de médiateur militaire. Tout militaire peut saisir l'un de ces inspecteurs généraux en vue de trouver, de manière confidentielle et amiable, une solution aux litiges individuels, nés au sein du ministère de la défense ou dans la gendarmerie nationale, relevant du périmètre défini au premier alinéa de l'article D. 4121-2 du code de la défense. L'inspecteur général qui, au titre de ses attributions d'inspecteur général, a connaissance du différend dont le saisit le militaire confie ce différend à un autre inspecteur général et en informe sans délai le militaire intéressé.

La médiation ne s'applique pas aux litiges relatifs :

- au traitement automatisé de la liquidation et du paiement de la solde et des accessoires de solde ;
- à des actes ou à des décisions concernant le recrutement du militaire ou l'exercice du pouvoir disciplinaire ;
- à des actes ou à des décisions pris en application du code des pensions militaires d'invalidité et des victimes de la guerre et du code des pensions militaires de retraite ainsi qu'à ceux qui relèvent de la procédure organisée par les articles 112 à 124 du décret n° 2012-1246 du 7 novembre 2012 relatif à la gestion budgétaire et comptable.

Les états-majors, directions et services sollicités dans le cadre d'une médiation sont tenus de fournir les éléments dont ils disposent dans un délai fixé par le médiateur militaire. Durant toute la phase de médiation, le militaire peut se faire assister par un militaire en activité de son choix. L'avis du médiateur militaire qui recommande une solution aux parties au litige met fin à la phase de médiation. Il est notifié aux parties au litige au plus tard quatre mois à compter de la saisine.

Un avis est également notifié par le médiateur militaire pour :

- informer le militaire que le litige ne relève pas du périmètre de compétence du médiateur militaire, défini à l'article 1er ;
- dresser le constat de la disparition du litige ;
- dresser le constat de l'impossibilité de trouver une solution amiable au litige.

a) La médiation n'est pas exclusive du recours administratif préalable prévu à l'article R. 4125-1 du code de la défense et n'interrompt ni le délai de saisine de la commission des recours des militaires mentionné à l'article R. 4125-1 du code de la défense, ni le délai du recours contentieux. Lorsqu'il est saisi, le médiateur militaire accuse réception de la demande dans un délai de quinze jours. Dans le cas où l'objet de la demande est un

---

[2] Arrêté du 30 mars 2015 relatif à la fonction de médiateur militaire.

acte faisant grief qui entre dans le champ de compétence de la commission des recours des militaires, l'accusé de réception précise que le délai de saisine prévu à l'article R. 4125-2 du code de la défense n'est pas interrompu.

b) Un militaire peut notamment solliciter une médiation lorsque la commission des recours des militaires :
- l'a informé que son recours était dirigé contre une décision ne faisant pas grief ou ne relevant pas de la compétence de la commission ;
- l'a déclaré forclos.
Il peut également saisir le médiateur militaire après avoir décidé de renoncer au recours formé devant la commission. Le médiateur militaire et le personnel l'assistant dans son rôle de médiation reçoivent une formation adaptée à la pratique de la médiation. Chaque année, les inspecteurs généraux exerçant la fonction de médiateur militaire remettent au ministre de la défense un rapport conjoint dans lequel ils rendent compte de leur activité et formulent des propositions de nature à prendre en compte au mieux les attentes et les préoccupations exprimées par les militaires.
Le ministre de la défense en communique une synthèse au ministre de l'intérieur et au Conseil supérieur de la fonction militaire. Les inspecteurs généraux des armées et l'inspecteur général du service de santé des armées sont chargés, chacun en ce qui le concerne, de l'exécution du présent arrêté, qui sera publié au Journal officiel de la République française.

Définition de médiation, médiateur

Etymologie : du latin *mediatio*, médiation, intervention, dérivé de *medium*, moyen, milieu, lien.
Une médiation est une entremise qui a pour objectif de faciliter un accord, un accommodement entre des personnes ou des parties qui ont un différend.
Synonymes : arbitrage, conciliation, entremise, interposition. Exemples de champ d'application de la médiation pour régler des différends :

- entre particuliers (personnes physiques ou / et personnes morales) en matière civile ;
- entre particuliers et personnes morales (médiation consumériste) ;
- dans les entreprises (médiation d'entreprise) ;
- économiques interentreprises (médiation économique) ;
- entre les services publics et leurs usagers ;
- dans le domaine de l'environnement (médiation environnementale).

La médiation est aussi le fait de servir d'intermédiaire, notamment en matière de communication. En droit international, une médiation est une tentative pacifique de trouver un accord entre deux pays qui ont un différend

ou qui sont en guerre. Elle consiste à recourir à des médiateurs (ex : de l'ONU) chargés d'éviter un conflit ou de mettre un terme aux hostilités.
Synonymes : *conciliation internationale, bons offices*.
Une médiation armée est l'intervention d'une puissance destinée, au moyen d'une menace militaire forte, à aboutir à un accord entre deux belligérants en conflit.
En France, la médiation pénale est une mesure alternative aux poursuites pénales, mise en place par la loi du 4 janvier 1993. Elle est décidée avant toute poursuite par le procureur de la République et concerne les petits délits. Un médiateur intervient comme un délégué du procureur. Il peut dresser et signer un procès-verbal qui est nommé ''réquisition'' et qui vaut jugement ayant force exécutoire.
La ''***médiation citoyenne***'' a pour but de résoudre les différends de voisinage en faisant appel à des personnes extérieures, sans passer par le système judiciaire. Elle est mise en place par des associations qui font intervenir des médiateurs bénévoles.
Autres noms : *médiation sociale, médiation de quartier*.
Un médiateur est :

- une personne chargée d'une médiation, qui s'entremet entre des personnes ou des partis ayant un différend en vue d'aboutir à une conciliation.
- celui qui sert d'intermédiaire.

CHAPITRE 4. LE MEDIATEUR DE LA REPUBLIQUE

Définition. En cas de litige avec l'administration, le Médiateur de la République peut être saisi gratuitement par chaque administré. L'intervention du médiateur de la République est soumise à plusieurs conditions et à certaines formalités à accomplir par le demandeur. Les compétences du Médiateur de la République sont aujourd'hui dévolues au Défenseur des droits.

Conditions. L'intervention du Médiateur n'est possible que lorsque les conditions suivantes sont réunies :

- le litige doit concerner l'administration ou un organisme investi d'une mission de service public (les conflits avec les banques ou les assurances ne sont donc pas concernés) ;
- le demandeur doit avoir au préalable accompli des démarches écrites auprès de l'organisme avec qui il se trouve en conflit ;
- le litige ne doit pas avoir fait l'objet d'une décision d'un tribunal.

Formalités propres à certains litiges. Pour certains types de conflits, des démarches particulières existent. C'est le cas :

- des litiges avec les établissements administratifs spécialisés ou la Poste pour lesquels des médiateurs spécialisés sont compétents ;
- des conflits portant sur le non-respect des droits des malades, la sécurité des soins et l'accès aux soins et pour lesquels il convient de saisir le Pôle Santé et Sécurité des Soins.

En France, le Médiateur de la République était une « autorité administrative indépendante » ayant existé entre 1973 et 2011. Le Médiateur de la République était chargé d'améliorer, par son action, les relations des citoyens avec l'administration. Il intervient dans les litiges qui les opposent en tentant de proposer, aux uns et aux autres, des solutions de règlement amiable de leurs différends. Depuis 2011, ces compétences sont exercées par le Défenseur des droits.

Section 1. Présentation

Le Médiateur de la République était une autorité administrative indépendante spéciale. Inspiré de l'Ombudsman suédois et du commissaire parlementaire anglais, son rôle est de dénoncer les travers de l'administration. Il était nommé par le Conseil des ministres pour 6 ans non renouvelables. Ce caractère non renouvelable était une condition de son indépendance, qui se caractérise aussi par sa soustraction au pouvoir hiérarchique : il ne reçoit pas d'ordre et ne peut être relevé de ses fonctions qu'en cas d'empêchement dûment constaté. Il ne pouvait être saisi

directement par des particuliers mais seulement par l'intermédiaire d'un parlementaire (député ou sénateur du choix de l'administré). Dans les faits, il pouvait être saisi directement. Dans ce cas, il transmettait la plainte à un parlementaire pour que celle-ci lui soit communiquée dans les formes.
S'il est saisi directement en cas d'urgence et pour une situation d'une importance particulière, la saisine est régularisée *a posteriori* (Congo, Gabon, Sénégal). Sa compétence est très étendue et comprend l'activité des administrations d'État, des collectivités locales, des établissements publics, et les organismes chargés d'une mission de service public.
Depuis le texte de 1973, 5 lois ont étendu les compétences du Médiateur :

- la loi du 24 décembre 1976 : renforce les liens avec le Parlement, précise les relations avec les juridictions, élargit les bases de l'action en équité, autorise la proposition de réforme législative ;
- la loi du 13 janvier 1989 : renforcement de l'indépendance du Médiateur ;
- la loi d'orientation du 6 février 1992 : les personnes morales peuvent saisir le Médiateur ;
- la loi du 12 avril 2000 : le Médiateur peut s'autosaisir en matière de réforme ; consacre l'existence des délégués et définit leur rôle, instauration de la présentation d'un rapport annuel au Parlement ;
- l'ordonnance du 25 mars 2004 : les délégués exercent leurs fonctions à titre bénévole.

Section 2. Les délégués du Médiateur de la République

Les délégués (actuellement environ 300) étaient nommés pour une durée d'un an renouvelable. Ils effectuaient des permanences dans les Préfectures, voire les mairies, les maisons de la Justice et du Droit, maisons des services publics ou des centres sociaux. Ils devaient consacrer au moins deux demi-journée par semaine à la mission qui leur est confiée en raison de leurs compétences professionnelles (juridiques, administratives, rédaction, qualité relationnelle, connaissance des différentes formes de médiation...). Contrairement au Médiateur de la République, le délégué est un interlocuteur direct. En cas d'échec de son intervention, il oriente le citoyen vers un parlementaire qui devra porter la réclamation à la connaissance du Médiateur de la République.

Section 3. Regroupement des médiateurs des services publics

Le Médiateur de la République s'est associé, en 2002, avec d'autres Médiateurs de services publics qui disposent, selon les textes, d'une position d'indépendance vis-à-vis de l'institution :

Paragraphe 1. Pouvoirs

Sa force vient du fait qu'il est libéré de toute procédure pour dénoncer l'illégalité ou l'inefficacité de l'administration (Cameroun, Burkina Faso, Côte d'Ivoire). Il n'a pas de pouvoir de sanction ; il peut seulement recommander une solution appropriée au cas précis. Il dispose de pouvoirs d'instructions. Il peut aussi, bien qu'il ne l'ait jamais fait, saisir le parquet. Enfin, avec ces informations collectées, il peut proposer des réformes globales.

Il n'a pas le pouvoir d'empiéter sur les tribunaux (impossibilité d'intervenir dans une procédure engagée devant un tribunal ou de remettre en cause le bien-fondé d'une décision rendue par un tribunal), (Mali, Bénin, Togo).

Toutefois, s'il ne parvient pas à une solution acceptée avec l'Administration, il dispose de pouvoirs particuliers :

- un pouvoir disciplinaire de substitution : il peut engager une procédure disciplinaire à l'encontre d'un agent manifestement fautif si l'autorité compétente refuse de le sanctionner ;
- un pouvoir d'injonction : il peut, « en cas d'inexécution d'une décision de justice », obliger l'Administration à s'y conformer dans un délai qu'il fixe. Si cette injonction n'est pas suivie d'effet, l'inexécution de la décision de justice peut faire l'objet d'un rapport spécial, publié au Journal Officiel.
- un pouvoir d'enquête : Les ministres et toutes les autorités publiques doivent faciliter la tâche du Médiateur de la République et leur concours peut s'avérer précieux dans des domaines complexes et sensibles : il peut, par exemple, demander à la Cour des Comptes d'ouvrir des enquêtes et de fournir une expertise technique.
- un pouvoir de réforme : Le Médiateur a la possibilité de demander la modification de la loi ou du règlement par une proposition de réforme, au-delà des cas individuels qui lui sont soumis, afin d'améliorer le fonctionnement de l'administration ou empêcher les situations injustes de se reproduire.

Tous ces pouvoirs sont les garants de l'indépendance et de l'efficacité de l'action du Médiateur de la République.

Paragraphe 2. Régime de ses actes

Un débat doctrinal sur la nature réelle du Médiateur et le régime de ses actes a opposé Guy Braibant et Yves Gaudemet. Pour le premier, le Médiateur est forcément rattachable à l'exécutif puisqu'il n'est ni un organe législatif ni un organe judiciaire et est donc une autorité administrative indépendante. Pour Gaudemet, le médiateur ne peut entrer dans la classification tripartite de la séparation des pouvoirs non seulement en raison de son origine étrangère

mais surtout car il a été créé pour contrôler autrement l'administration et qu'en conséquence lui reconnaître le statut d'autorité administrative le soumettrait au droit administratif lourd et procédural qui le rendrait inefficace.
Le Conseil d'Etat a tranché avec l'arrêt Retail du 10 juillet 1981. Le Médiateur est bien une autorité administrative indépendante. À ce titre, les actes accomplis dans le cadre de sa mission de Médiateur ne sont pas susceptibles de recours devant le juge administratif. À l'opposé, les actes d'organisation tels que la nomination des délégués départementaux peuvent faire l'objet d'un recours.

Paragraphe 3. Personnes concernées

Le Défenseur des droits (ou son délégué) peut gratuitement être saisi par :

- un particulier (quels que soient sa nationalité, son âge, son domicile),
- une association ou un groupement,
- une société.

Section 4. Litiges concernés

Paragraphe 1. Litige mettant en cause un service public

Le Défenseur des droits (ou son délégué) intervient, sur demande, dans un litige opposant à :

- une administration de l'Etat (préfecture, centre des impôts, ministère, etc.),
- un organisme gérant un service public (caisse primaire d'assurance maladie, caisse d'allocations familiales, etc.),
- une collectivité territoriale (mairie, syndicat intercommunal, conseil régional, etc.),
- un hôpital.

Il n'est pas compétent pour un litige d'ordre privé (famille, voisins, commerçants, etc).

Paragraphe 2. Nature du litige

Le problème peut porter sur :

- un mauvais fonctionnement du service public (lenteur, erreur dans la décision, absence de réponse, etc.) ;
- ou l'inexécution d'un jugement favorable à un administré.

Paragraphe 3. Interdictions

Le Défenseur des droits ne peut pas :

- intervenir dans les rapports hiérarchiques entre l'administration et ses agents ;
- interférer dans une procédure engagée devant un tribunal ;
- remettre en cause un jugement ;
- intervenir dans un litige avec une administration étrangère. Toutefois, il peut transmettre la réclamation à l'interlocuteur étranger compétent.

Section 5. Saisine

Paragraphe 1. Conditions préalables

Avant de saisir le Défenseur des droits, vous devez avoir fait toutes les démarches nécessaires auprès de l'administration ou de l'organisme en cause (recours contre la décision contestée par exemple).

À savoir : la saisine du Défenseur des droits ne suspend pas les délais pour engager une action en justice.

Paragraphe 2. Saisine du délégué du Défenseur des droits

Vous pouvez saisir le délégué départemental du Défenseur des droits :

- en lui téléphonant ;
- ou en lui écrivant par courrier ou mail ;
- ou en vous rendant à sa permanence. Les délégués tiennent des permanences gratuites dans les préfectures et les sous-préfectures. Ils peuvent aussi être présents dans les maisons de justice et du droit, les maisons de quartier, les maisons de services publics ou les points d'accès au droit.

Si le litige concerne une décision prise par un organisme local et ne pose pas de problème de principe, le délégué peut la traiter lui-même (Côte d'Ivoire, Sénégal, Mali). Si l'affaire ne peut pas se régler localement, le délégué aide l'administré à constituer un dossier pour saisir les services nationaux du Défenseur des droits. Il peut aussi orienter l'usager vers tout interlocuteur approprié.

Paragraphe 3. Saisine des services nationaux du Défenseur des droits

L'on peut ou vous pouvez saisir le Défenseur des droits :

- par le biais d'un parlementaire (député, sénateur ou un représentant d'un Etat au Parlement d'une organisation régionale) de votre choix ;
- ou en remplissant un formulaire en ligne sur son site internet.

Les services centraux du Défenseur des droits sont seuls compétents pour :

- régler un litige avec un organisme ou une administration à compétence nationale ;
- intervenir en recherchant la solution la plus juste, lorsque l'application d'un texte a eu des conséquences manifestement inéquitables dans un cas particulier ;
- apporter une solution à une situation compliquée.

CHAPITRE 5. LES QUATRE TYPES DE CONTENTIEUX ADMINISTRATIF

La mission du juge administratif est, globalement, de contrôler et, éventuellement, de sanctionner l'administration. Les recours, qui peuvent être exercés devant lui, se répartissent en quatre catégories selon une classification établie par Édouard Laferrière (1841-1901), vice-président du Conseil d'État de 1886 à 1898, dans son *Traité de la juridiction administrative et des recours contentieux* (1887, réédité en 1989). Cette classification est encore utilisée en dépit des critiques et des nouveaux schémas proposés, comme celui du juriste René Chapus qui différencie les contentieux de recours contre une décision et le contentieux des poursuites dirigé contre une personne.

Section 1. Le contentieux de l'excès de pouvoir

Le recours pour excès de pouvoir est la plus connue des actions qui peuvent être engagées devant la juridiction administrative. Il s'agit d'un recours par lequel le requérant (demandeur) demande au juge de contrôler la légalité c'est-à-dire qualité de ce qui est conforme à la loi d'une décision administrative et d'en prononcer l'annulation s'il y a lieu.

Aucun texte ne l'a expressément prévu. C'est le Conseil d'Etat qui a progressivement construit cet élément essentiel du contrôle de l'administration. Il en a fait un principe général du droit par son arrêt *Dame Lamotte* du 17 février 1950.
Sa première caractéristique est d'être un recours facile d'accès. En effet, la juridiction peut être saisie par une simple lettre, qui doit seulement indiquer les nom et prénom du requérant, ses coordonnées, la décision dont il entend obtenir l'annulation et les raisons qui justifient son recours. Le juge administratif est très libéral dans l'acceptation de ce recours. Il faut préciser en outre que le recours pour excès de pouvoir est dispensé d'avocat : le requérant peut agir seul. Au Congo, au Cameroun et au Sénégal, dans le cadre de ce recours, un justiciable peut invoquer quatre types de moyens (arguments juridiques). Deux catégories de moyens relèvent de ce que l'on appelle la légalité externe de la décision :

- l'incompétence (l'auteur de la décision n'avait pas compétence pour la prendre) ;
- le vice de forme ou de procédure (une formalité importante a été omise ou la procédure n'a pas été suivie).

Les deux autres catégories relèvent de la légalité interne de la décision :

- la violation de la loi (l'administration, sous différentes formes, a pu ne pas respecter le texte de loi applicable) ;

- le détournement de pouvoir ou de procédure (l'administration a utilisé un pouvoir ou une procédure dont elle ne disposait pas pour prendre la décision contestée).

Au Bénin, au Mali et au Burkina Faso, si, après avoir exercé son contrôle, le juge administratif décide, dans le cadre du recours pour excès de pouvoir, d'annuler la décision administrative litigieuse, cette décision disparaît rétroactivement de l'ordre juridique. Tout doit se passer comme si cet acte administratif n'avait jamais existé et ses effets produits antérieurement au jugement sont annulés. Cette règle est parfois source de difficultés pour l'administration. Ainsi, lorsqu'une décision défavorable à un fonctionnaire (refus d'une promotion, révocation...) est annulée par le juge de l'excès de pouvoir, l'administration doit reconstituer la carrière du fonctionnaire, c'est-à-dire reconstruire sa carrière sans l'impact de la décision illégale.

Section 2. Les recours de pleine juridiction (ou de plein contentieux)

Cette formulation un peu étrange (« pleine juridiction » ou « plein contentieux ») s'explique tout simplement par le fait que, pour ce type de recours, le juge dispose des pouvoirs les plus étendus. Le contentieux de pleine juridiction se distingue clairement de l'excès de pouvoir. Le juge ne doit pas seulement se limiter, comme dans le cadre du recours pour excès de pouvoir, à annuler ou à valider un acte administratif. Il peut aussi réformer l'acte administratif (le modifier), voire lui en substituer un nouveau. Tel est par exemple le cas dans le contentieux électoral : le juge administratif, s'il constate de graves irrégularités ayant pu modifier les résultats du scrutin, peut déclarer vainqueur celui qui avait initialement perdu. Le juge du plein contentieux peut condamner l'administration à des dommages et intérêts (ex : le contentieux de la responsabilité hospitalière).

Il faut toutefois noter que, ces dernières années, les deux types de contentieux ont eu tendance à se rapprocher, à mesure que les prérogatives du juge de l'excès de pouvoir augmentaient, notamment en ce qui concerne les conséquences d'une annulation.[3] Le contentieux de pleine juridiction recouvre des recours d'une très grande variété : contentieux contractuel, contentieux de la responsabilité, contentieux fiscal, contentieux électoral... Le plus souvent, les recours de plein contentieux sont soumis au ministère d'avocat. En conséquence, le juge administratif est plus exigeant que pour l'excès de pouvoir dans l'acceptation des recours (Congo, Cameroun, Tchad, Sénégal).[4]

---

[3] Ex : modulation des effets dans le temps d'une décision juridictionnelle : Conseil d'État, 11 mai 2004, *Association AC*.

[4] Ces dernières années, le contentieux de pleine juridiction a connu, notamment sous l'effet des exigences résultant de la jurisprudence de la Cour européenne des droits de l'Homme, un certain développement. Ainsi, par exemple, dans une décision Société *Atom* du 16 février 2009, le Conseil d'État a jugé que, lorsqu'il est saisi d'une contestation relative à une sanction

Section 3. Le contentieux de l'interprétation et de l'appréciation de légalité

Il s'agit d'un recours en déclaration : le juge administratif indique la portée ou la légalité de la décision administrative attaquée. On peut exercer ce type de recours à titre principal, même si cela est rare du fait de la faible portée de la décision du juge (pas d'annulation, pas de condamnation, juste un « constat »).

On peut surtout exercer ces recours à titre incident, c'est-à-dire lorsque le juge judiciaire, confronté à une question de la compétence du juge administratif, invite les parties à se présenter devant ce même juge administratif, afin qu'il interprète ou apprécie la légalité d'un acte.

Section 4. Le contentieux de la répression

Il s'agit pour le juge administratif, agissant comme un juge pénal, de sanctionner des comportements répréhensibles. Il inflige donc des sanctions ou prononce des amendes.

Dans ce cadre, le juge administratif sanctionne principalement les « contraventions de grande voirie ». Ce sont les atteintes portées au domaine public, principalement les voies de communication autres que routières, qui relèvent du juge judiciaire (ex : détérioration d'un passage à niveau).

---

infligée par l'administration à un administré, le juge administratif se prononce toujours comme juge du plein contentieux.

CHAPITRE 6. LES RECOURS GRACIEUX ET HIERARCHIQUES

En droit administratif, le recours gracieux et le recours hiérarchique sont des recours administratifs que peuvent exercer les administrés contre une décision prise par une autorité administrative. Il s'agit en fait d'une demande de réexamen du dossier par l'administration qui se distingue donc du recours contentieux qui est formé devant le juge administratif. Pour ce qui est de leur différence :
- le recours gracieux s'adresse à l'autorité administrative qui a pris la décision ;
- le recours hiérarchique s'adresse à l'autorité supérieure à celle qui a pris la décision.
Il est possible de former un recours gracieux puis un recours hiérarchique, ou bien uniquement un recours hiérarchique ou un recours gracieux avant d'ester en justice (Gabon, Congo, RDC, Niger).

Section 1. Modalités du recours

- contenu : il peut s'agir d'un simple courrier (adressé en recommandé avec accusé de réception) qui doit contenir des arguments factuels et juridiques, accompagné de la décision contesté et de pièces justificatives ;
- délai : le recours doit être exercé, sauf à de rares exceptions, dans les 2 mois suivant la notification de la décision contestée.

Paragraphe 1. Recours facultatif et recours obligatoire

De tels recours précédent généralement un recours contentieux, mais en l'absence de texte précis, il n'existe aucune obligation de faire précéder le recours contentieux d'un recours gracieux (Cameroun, Sénégal, Burkina Faso).
Certains domaines sont cependant soumis au principe du recours administratif préalable obligatoire (RAPO). C'est notamment le cas :
- en matière d'impôts ;
- en matière de situation individuelle des militaires soumis au statut général des militaires.

Section 2. Effets du recours

Paragraphe 1. Interruption du délai pour saisir le juge

En principe, le juge administratif doit être saisi dans les 2 mois suivant la décision prise par une administration. Cependant, si un recours administratif est exercé, l'administré dispose d'un délai supplémentaire de 2 mois pour saisir le juge. En vertu d'une décision récente du Conseil d'Etat du 7

octobre 2009, M. Ouahrirou, « lorsque, dans le délai initial du recours contentieux ouvert à l'encontre d'une décision administrative, sont exercés contre cette décision un recours administratifs, ne recommence à courir à l'égard de la décision initiale que lorsqu'ils ont été l'un et l'autre rejetés ».
Cette décision du Conseil d'Etat pourrait signifier un retour sur une ancienne jurisprudence qui ne permettait d'interrompre le délai de recours contentieux qu'une fois en cas de recours gracieux suivi d'un recours hiérarchique. Le requérant était dans l'obligation de saisir le juge concomitamment à son second recours hiérarchique pour ne pas risquer, en cas de rejet de ce dernier, d'être jugé forclos dans son recours devant le juge. Désormais le délai de recours contentieux de deux mois ne repartirait à zéro qu'à compter du rejet du dernier recours administratif présenté. Il faut toutefois remarquer que dans le cas de l'espèce, les deux recours gracieux et administratif ont été présentés dans le délai de recours relatif à la décision initiale, et qu'alors le rejet d'un seul de ces recours n'a pas fait courir le délai de recours contentieux. La décision ne parle pas d'un recours hiérarchique qui aurait été présenté dans le délai de recours contre le rejet du recours gracieux et hors du délai de recours contre la décision initiale.

Paragraphe 2. Réponse de l'administration

L'administration dispose en principe d'un délai de 2 mois, à compter de la réception du recours administratif, pour y répondre (Congo, Bénin, Cameroun). A défaut, son silence signifie un rejet implicite du recours. En cas de rejet implicite, il est possible de faire un recours contentieux devant le juge administratif. Un recours administratif consiste en une demande, adressée à l'administration, afin qu'elle revienne sur une décision initiale. On distingue deux types de recours administratifs, le recours gracieux et le recours hiérarchique.

Section 3. Le recours administratifs

Tout acte administratif peut faire l'objet d'une contestation par un recours. Celui-ci peut s'exercer de manière administrative (recours administratif, gracieux ou hiérarchique) ou de manière contentieuse (recours contentieux, devant une juridiction administrative). Ce principe s'applique dans la relation des agents de la fonction publique avec leur employeur. Aussi, dans de nombreux cas, dans un premier temps, le recours administratif est la solution à envisager. Ce recours est gratuit, sans véritable exigence de forme et efficace.
Un recours administratif consiste en une demande, adressée à l'administration, afin qu'elle revienne sur une décision initiale. On distingue deux types de recours administratifs, le recours gracieux et le recours hiérarchique.

Paragraphe 1. Le recours gracieux

Le recours gracieux dirigé à l'encontre d'une décision est en fait une demande de réexamen de cette décision, présentée à l'autorité administrative qui a initialement pris la décision. Il doit être en général introduit dans un délai de deux mois suivant la décision initiale si l'on veut pouvoir, ensuite, garder la possibilité de déposer une requête devant la juridiction administrative compétente (recours contentieux). Si la décision initiale est un refus opposé à une demande, la période de deux mois court à partir du refus, qu'il soit exprès ou implicite (c'est-à-dire exprimé ou résultant du silence gardé par l'administration pendant deux mois).

Paragraphe 2. Le recours hiérarchique

Le recours hiérarchique s'engage soit en cas d'échec du recours gracieux (mais attention alors aux délais), soit à la place de celui-ci. Il s'adresse au supérieur hiérarchique de l'autorité ayant pris la décision initiale et vise à solliciter qu'il revienne sur la décision prise par son subordonné.

Paragraphe 3. Un recours nécessaire ?

A l'exception des recours formulés en matière de recrutement ou en matière de pouvoir disciplinaire, tous les recours contentieux formulés par les agents de la fonction publique doivent nécessairement être précédés d'un recours administratif sous peine de nullité. Aucun arrêté d'application n'a toutefois été pris concernant cette mesure. Si bien qu'hormis les militaires (un décret d'application spécifique a été pris en ce qui les concerne) la mesure ne semble pas encore être opposable aux requérants. Il faut toutefois surveiller la publication future d'un éventuel décret d'application.

Section 4. Les délais[5]

Au Cameroun, au Sénégal et au Tchad, il n'existe pas de délai de forclusion (délai dans lequel doit impérativement être formulé le recours, sous peine d'irrecevabilité) en matière de recours administratif. Le recours peut intervenir n'importe quand après la décision contestée. Il existe toutefois des délais de forclusion en matière de recours contentieux. Dans ces conditions, en cas de refus répondant à un recours administratif intervenu au-delà de forclusion du recours contentieux, il est impossible de formuler un recours contentieux, le délai de forclusion étant dépassé. Le délai dans lequel doit

---

[5] Code de justice administrative (Partie Réglementaire – Décrets en Conseil d'Etat) Titre II : Les délais. Nouveau code de justice pénale, Livre I, Titre XVII, Chapitre I, La computation des délais.

être déposée une requête auprès de la juridiction administrative compétente est en général de deux mois. Il faut donc le plus souvent que le recours administratif intervienne dans ce délai pour pouvoir ensuite s'accompagner d'un recours contentieux. Le recours administratif prolonge le délai de forclusion du recours contentieux (Gabon, Bénin, Burkina Faso). Le délai de forclusion du recours contentieux renaît à partir de la notification d'une réponse négative au recours administratif, que cette notification soit explicite ou implicite (en règle générale une absence de réponse valant refus implicite 2 mois après la réception du recours par l'autorité administrative compétente).

Dans le cas d'un délai la forclusion de 2 mois, le délai de forclusion peut ainsi s'étendre à près de 6 mois (envoi du recours administratif un peu moins de 2 mois après la naissance de la décision contestée, 2 mois sans réponse de la part de l'administration, valant refus implicite, puis envoi du recours contentieux un peu moins de 2 mois après la date de ce refus implicite). Le délai de forclusion n'est prolongé qu'une seule fois. Un double recours administratif (gracieux puis hiérarchique) ne peut donc proroger par deux fois le recours contentieux. En pratique, cela signifie que si l'on décide de formuler un recours hiérarchique après l'échec d'un recours gracieux, il faut penser à former également assez rapidement un recours contentieux puisque le délai de forclusion est en général de 2 mois après le premier échec de l'un des recours administratifs formulés. Sauf à renoncer au recours contentieux.

Si l'administration notifie une décision expresse de rejet après l'expiration du délai de forclusion dans lequel doit être attaquée une décision implicite de rejet, vous ne pouvez pas bénéficier d'un nouveau délai de recours pour attaquer cette décision expresse. Le délai de forclusion débute à minuit du jour où a été notifiée la décision contestée (date de réception de la décision par voie postale, en votre absence, l'avis de passage déposé par le facteur ; date de la notification administrative, c'est-à-dire en main propre où est intervenue la décision. Si le dernier jour du délai de recours est un samedi, un dimanche ou encore un jour férié, le délai est prolongé jusqu'à la fin du premier jour ouvrable suivant.

Il faut avoir envoyé le recours de telle sorte qu'ils parviennent à son destinataire à l'intérieur de ce délai. En pratique, pour connaître la date de fin du délai de forclusion, il suffit d'ajouter deux mois et une unité à la date du jour de déclenchement du délai. Soit, par exemple, pour un délai déclenché le 4 janvier : 4 (janvier) +1 (+deux mois) = 5 mars. Ce calcul est valable quel que soit le nombre de jour dans le mois. C'est la date de réception au greffe de la juridiction administrative et pas la date d'expédition qui est prise en compte. Bien entendu il est important d'envoyer le recours en recommandé avec accusé de réception ou de la remettre en mains propres contre un reçu signé par une autorité compétente (le greffier dans le cadre des juridictions administratives par exemple). En cas de courrier arrivant en retard, il est possible d'invoquer un cas de force majeure pour justifier de

l'arrivée de la requête hors délai. Mais il faut pour cela que le recours ait été expédié au moins 48 heures en avance (un délai de 48 heures pour un courrier semble en un délai raisonnable pour son acheminement).
Si le requérant réside dans un département ou un territoire d'outre-mer et s'il doit saisir une juridiction siégeant dans le pays, un supplémentaire d'un mois, qui s'ajoute au délai normal est accordé. On parle de « délai de distance ». S'il doit saisir une juridiction d'un département ou d'un territoire d'outre-mer et qu'il ne réside pas dans ce département, il bénéficie aussi de ce délai supplémentaire d'un mois. S'il réside à l'étranger, le délai de distance est porté à deux mois. S'y ajoute un délai de distance d'un mois si le requérant ne réside pas sur ces territoires. En matière de créances sur l'Etat, le délai de recours est compris entre quatre et cinq ans. Les dettes de l'Etat s'éteignent à la fin de la quatrième année qui suit l'année où la créance est apparue (prescription quadriennale). La prescription ne court toutefois pas contre le créancier qui peut être légitimement regardé comme ignorant l'existence de sa créance (ou pour une cause de force majeure). Lorsque l'administration vous remet des documents stipulant que vous n'avez pas droit à indemnisation, la faute de l'administration est donc susceptible de faire en sorte que la déchéance quadriennale de votre créance ne puisse pas vous être opposée.
Il n'y a pas de délai, en dehors de la prescription quadriennale, en matière de recours de plein contentieux tant que l'administration n'exprime pas expressément un refus. En revanche une fois un refus expressément formulé, le délai de forclusion normal s'applique (Congo, RDC, Mali, Togo). Il existe des moyens pour formuler un recours contentieux en dehors des délais réglementaires. Les délais de recours contre une décision administrative ne sont opposables qu'à la condition d'avoir été mentionnés, ainsi que les voies de recours, dans la notification de la décision (Centrafrique, Côte d'Ivoire, Guinée Conakry, Guinée Bissau). Si la notification était irrégulière, c'est-à-dire si elle ne comportait pas ces mentions ou si ces mentions étaient erronées, le délai de recours n'est pas déclenché et le recours peut intervenir « hors délai ». Il faut également que l'autorité administrative puisse prouver la date à laquelle a été notifiée la décision. La réception d'un courrier envoyé sans suivi avec signature, comme un recommandé avec accusé de réception, implique donc l'impossibilité de prouver que la notification est effective.

Section 5. La durée de la procédure

Si l'administration garde le silence pendant 2 mois naît à l'issue de ces 2 mois une décision implicite de rejet. La procédure ne peut donc pas durer plus de 2 mois (à partir de la réception par l'administration de la demande). Elle peut en revanche ne prendre que quelques jours si l'administration formule une réponse expresse. Le recours administratif n'a pas d'effet suspensif, la décision contestée continue de s'appliquer jusqu'au jugement (Congo, Gabon, Cameroun, Mali, Niger).

Section 6. Le contenu de la requête

La requête est un document écrit. Elle peut être rédigée sur papier libre. Le mieux est de la dactylographier ; sinon, il convient de veiller à ce qu'elle soit parfaitement lisible. Le recours administratif marque souvent seulement une étape procédurale. Il est toutefois conseillé de la mener du mieux possible, dans l'optique d'éviter un recours contentieux, bien plus éprouvant. Aussi mieux vaut-il justifier clairement votre demande, de façon à en montrer le bien fondé et à mettre entre les mains de l'administration tous moyens susceptibles de la faire revenir sur sa décision initiale. Cette justification peut faire appel à l'équité mais ce sont surtout les éléments de droit que vous pourrez développer qui inciteront l'administration à revoir sa position (d'autant plus qu'en général, c'est uniquement en droit que statueront ultérieurement les juridictions administratives). Si la décision initiale est le rejet d'une demande, seront repris autant que possible l'ensemble des motifs de fait et de droit retenus par l'administration dans la décision contestée pour rejeter la demande, et y opposera tour à tour l'ensemble des arguments susceptibles de la contrecarrer (Cameroun, Burkina Faso, Niger, Tchad).
Il convient dans cette demande de faire part à votre interlocuteur de votre décision de saisir la juridiction administrative compétente si le recours administratif ne vous donne pas satisfaction. Pouvoir en outre annoncer l'appui d'une organisation, celui d'un syndicat par exemple, est un atout dans le cadre de la démonstration de force que constitue le recours gracieux.
Le recours administratif doit, outre les précisions relatives au nom, au (x) prénom (s), aux coordonnées postales et éventuellement aux références administratives (identifiant du salarié, comme le NUMEN pour les enseignants, numéro de dossier éventuel, etc.), comporter un rappel de la décision initiale. Le recours exposera ensuite une nouvelle fois les éléments motivant la demande. Ce recours s'achèvera par la demande expresse de réexamen de la décision contestée, et sera complétée par une liste exhaustive des pièces jointes. Il est en effet nécessaire que le recours, comme la demande initiale, soit accompagné de photocopies des éléments de preuves disponibles. Ces copies devront donc être listées et jointes à la correspondance de façon ordonnée. Il convient enfin de signer la requête (Gabon, Cameroun, Sénégal, Tchad, Togo).

Section 7. Les pièces à joindre à la demande

La requête est nécessairement accompagnée de :

- la décision attaquée ;
- toutes les pièces justificatives utiles à la résolution du litige, notamment celles que le requérant aurait déjà communiquées à l'administration. Ces documents sont accompagnés d'une liste récapitulative. Des éléments de droit pertinents accentuent à l'évidence la crédibilité de votre demande.

Remarque. Conservez indéfiniment la copie du dossier envoyé ainsi que son accusé de réception.

CHAPITRE 7. LES ENJEUX DE LA RESOLUTION DES CONFLITS EN AFRIQUE

Section 1. Résolution des Conflits et Médiation

L'Afrique est un continent où les opportunités et les risques interagissent profondément. En raison de sa richesse économique, sociale et culturelle, cette zone dispose d'un potentiel extrêmement positif non seulement pour les pays de cette région, mais également pour le monde entier. Cependant, cette région recèle aussi de sérieux risques pour la sécurité du monde en termes de conflits conventionnels et de menaces asymétriques qui sont en progression croissante dans la période ultérieure à la fin des années 90. Dans cet environnement où des opportunités et des menaces émanent du dynamisme apporté par la mondialisation, toute la communauté internationale devrait s'efforcer d'une manière plus active et efficace de résoudre les conflits existants et de prévenir les conflits potentiels pour que les opportunités puissent dépasser les risques, et pour que l'on puisse demeurer sur le versant positif de la mondialisation.

Etant l'un des centres de pouvoir les plus importants du continent est l'un des espace directement affecté par tous les développements survenant dans cette région et l'Union africaine ressent ce besoin fortement, et mène des efforts intenses afin qu'un environnement de paix durable, de stabilité et de prospérité puisse se mettre en place dans la région. Poursuivant une politique étrangère plus dynamique dans ce sens au cours de ces dernières années et menant d'intenses efforts pour placer la coopération et le dialogue sur des bases solides dans le continent africain, l'on attache une importance particulière à la diplomatie préventive, et elle est la pionnière de plusieurs tentatives de médiation dans cette vaste région, outre ses efforts actifs poursuivis pour le règlement pacifique des différends existants. L'approche de l'Union africaine sur cette question se base sur le fait que la diplomatie préventive est la méthode la plus efficace et économique en termes de règlement des différends, mais aussi sur le fait que la réduction des différends et des conflits potentiels contribuera directement au développement de l'Afrique. En d'autres termes, le renforcement des fondements de la paix et de la stabilité dans la région facilitera l'émergence d'un environnement de coopération mutuellement bénéfique que l'Afrique souhaite créer dans son voisinage proche, et contribuera au développement de la région dans son ensemble. D'autre part, si les conflits potentiels ne peuvent pas être évités par la résolution en temps utile des causes fondamentales d'un problème, les crises qui pourraient en résulter nécessiteraient des mesures beaucoup plus coûteuses à long terme pour la région et pour l'ensemble de la communauté internationale. En outre, il faut

tenir compte du fait que chaque conflit peut potentiellement déclencher une autre tension.
C'est avec cette perspective que l'Union africaine a exercé au cours de ces dernières années des efforts actifs pour trouver une solution à de nombreux problèmes dans son voisinage proche et au-delà. Ces efforts pour parvenir à la réconciliation interne en RDC, Côte d'Ivoire, au Mali et au Centrafrique, deux processus distincts de coopération trilatérale lancés avec la participation du Tchad afin qu'un environnement de paix et de stabilité durables puisse être assurées en Centrafrique; de même, le mécanisme de coopération trilatérale que l'on a mis en œuvre avec le Tchad, occupant une position clé pour assurer la paix et la sécurité au Cameroun et au Niger le rôle de facilitateur qu'ils ont joué dans les discussions indirects entre les parties en conflit au Mali, l'attitude conciliante que l'on a adoptée pour la résolution pacifique de la crise au mali et au Centrafrique par le dialogue, et nos contributions pour la mise en œuvre d'un processus de réconciliation avec une large participation entre le Gouvernement et les parties en conflit en Centrafrique, constituent des exemples concrets de nos efforts.
L'expérience la plus importante que l'on a acquise lors de ce processus, est que chaque problème comporte ses propres dynamiques et conditions, et que dans ce sens les efforts de médiation doivent être dirigés avec flexibilité, en évitant toute uniformité et en respectant les différences. Cependant, il ne faut pas oublier que la diplomatie préventive comporte certaines règles d'or et qu'il existe certains principes à respecter, quelle que soit la nature du différend. Par exemple, pour être un bon médiateur, tout acteur de ladite médiation doit être compétent sur toutes les dynamiques du problème et il doit pouvoir présenter un engagement à long terme requis pour une solution permanente, et ce dès le début. De même, le médiateur doit présenter une stratégie flexible, mais fondée sur des valeurs depuis le début du processus et il doit pouvoir exposer une vision commune du différend aux parties. En dehors de cela, réussir à gagner la confiance des parties à un différend et à mettre en place une coopération fondée sur la volonté mutuelle de tous les acteurs concernés dans le processus de recherche de solutions au problème, figure bien évidemment parmi les besoins les plus importants d'une tentative de médiation réussie. Dans ce cadre, la capacité d'un médiateur à communiquer avec toutes les parties à un différend et à maintenir une attitude équilibrée, à condition que les valeurs qu'il a exposées au début du processus soient conservées, se trouvent parmi les clés du succès. Cette situation acquiert de l'importance en particulier dans les environnements où la paix et la justice apparaissent comme se contredisant l'un l'autre. Les principales fonctions d'un médiateur sont de trouver un équilibre entre ces deux éléments totalement indispensables et de présenter un cadre de résolution qui ne requiert pas de sacrifices pour une partie au détriment de l'autre.

D'autre part, il est également d'une importance cruciale pour un médiateur de respecter le secret des négociations, qui se basent sur des équilibres délicats, et d'éviter toute action qui pourrait laisser une des parties dans une situation difficile suite aux déclarations d'un médiateur concernant le processus. Cela nécessite bien évidemment la mise en œuvre du processus de médiation dans le cadre d'un certain degré de confidentialité. Cela devient plus important encore dans les environnements où il existerait plus d'un médiateur, et cela met en évidence l'importance de la coordination et du leadership. En effet, la mise en œuvre de la médiation par un seul acteur ou une équipe agissant ensemble est préférable dans des conditions normales, mais ce n'est généralement pas possible de nos jours. En outre, il peut être possible pour de nombreux acteurs différents, y compris des organisations non gouvernementales, d'apporter des contributions utiles à un processus de médiation selon la nature du problème. Cependant, il est d'une importance capitale d'assurer une bonne coordination dans les cas où plus d'un médiateur existerait, et de prévenir l'abus de cette circonstance par les parties au différend.

C'est ainsi que l'Union africaine met en œuvre ses activités de médiation dans le cadre de ces principes généraux et selon la valeur ajoutée qu'elle fournit. En outre, elle agit dans la confiance mutuelle avec toutes les parties au problème, sur la base de certaines valeurs. Dans ce contexte, à condition que la confidentialité du processus soit assurée, l'Union africaine maintient ses activités d'une manière transparente, et prête une grande attention à la coordination et à la coopération avec tous les acteurs concernés. En effet, l'initiative de « Paix par la médiation » lancée par l'Union africaine avec le Mali en septembre 2010 à New York sous les auspices de l'ONU, est également basée sur les principes de la coordination et de la complémentarité pour le succès des processus de médiation, et elle prévoit le lancement d'une étude visant à déterminer les principes généraux à suivre pour l'ONU au cours des processus de médiation.

Cette initiative ayant été lancée en vue de renforcer l'importance de la médiation dans la diplomatie préventive et la résolution des conflits aux yeux de la communauté internationale et, par conséquent, afin d'assurer qu'encore plus d'efforts et de ressources soient accordés aux efforts de médiation. Elle vise également à améliorer la capacité de diplomatie préventive/médiation des pays africains et des organisations régionales, en particulier celle des Nations Unies. A l'égard de ces principes et objectifs, la résolution adoptée à l'unanimité le 22 juin 2010 par l'Assemblée générale des Nations Unies est particulièrement importante car c'est la première résolution sur la médiation adoptée à l'ONU. A ce stade, il est prévu que le Groupe des Amis ayant été fondé dans le cadre de cette initiative devienne actif de façon à prendre des mesures concrètes pour la réalisation des objectifs susmentionnés et qu'il mène des efforts pour accorder de l'importance et des ressources nécessaires à la médiation.

Dans ce contexte, l'Union africaine souhaite transformer l'Institut de Paix, qu'elle envisage de fonder, un centre de l'UA dans la période à venir. Elle souhaite également développer cet institut pour en faire une institution mettant en œuvre des études concrètes et détaillées dans tous les domaines de la diplomatie préventive, y compris la médiation, en particulier dans le but de renforcer les capacités. Quelles que soient les circonstances, l'Union africaine continuera ses efforts actifs visant une mise en œuvre plus efficace de la médiation, que ce soit dans des domaines de différends concrets, ou sur le plan international, en particulier à l'ONU.

DEUXIEME PARTIE. LA DEJUDICIARISATION EN DROIT PRIVE

CHAPITRE 1. L'ARBITRAGE

L'arbitrage est une procédure dans le cadre de laquelle le litige est soumis, par convention entre les parties, à un ou plusieurs arbitres qui rendent une décision contraignante. En décidant de recourir à l'arbitrage, les parties optent pour une procédure de règlement des litiges privée en lieu et place d'une procédure judiciaire.
L'arbitrage est un mode alternatif de résolution des conflits par l'intermédiaire d'un tribunal arbitral composé d'un ou plusieurs arbitres (en général trois). L'arbitre est un véritable juge dont la décision peut s'imposer aux plaideurs. L'arbitrage permet donc de régler un litige (sans passer par les tribunaux de l'Etat mais par une juridiction arbitrale), en confiant le différend à un ou plusieurs particuliers choisis par les parties. Il constitue dès lors un mode de règlement extrajudiciaire des conflits.

Section 1. Les caractéristiques

Ses principales caractéristiques sont les suivantes :

Paragraphe 1. L'arbitrage est une procédure consensuelle

L'arbitrage ne peut avoir lieu que si les deux parties y ont consenti. S'agissant de litiges futurs découlant d'un contrat, les parties insèrent une clause d'arbitrage dans le contrat. Un litige existant peut faire l'objet d'un arbitrage au moyen d'une convention ad hoc conclue entre les parties. A la différence de la médiation, une partie ne peut se retirer unilatéralement de la procédure d'arbitrage.

Paragraphe 2. Les parties choisissent le ou les arbitres

Conformément au Règlement d'arbitrage de l'OMPI, les parties peuvent choisir d'un commun accord un arbitre unique. Si elles optent pour un tribunal arbitral composé de trois membres, chaque partie désigne l'un des deux arbitres appelés ultérieurement à nommer l'arbitre qui présidera le tribunal arbitral. Le Centre peut aussi recommander des arbitres possédant les compétences nécessaires ou nommer directement les membres du tribunal arbitral. Le Centre tient à jour une liste détaillée d'arbitres comprenant tant des généralistes rompus au règlement de litiges que des spécialistes et experts dans tous les domaines juridiques et techniques de la propriété intellectuelle.

Paragraphe 3. L'arbitrage est neutre

Outre qu'elles peuvent choisir des intermédiaires neutres de la nationalité appropriée, les parties peuvent décider d'éléments aussi importants que la législation applicable, la langue et le lieu de la procédure. Cela leur permet de s'assurer qu'aucune partie ne bénéficie d'un avantage lié au déroulement de la procédure dans son pays.

Paragraphe 4. L'arbitrage est une procédure confidentielle

Le Règlement d'arbitrage de l'OMPI protège expressément la confidentialité de l'existence de l'arbitrage, de toute divulgation faite au cours de la procédure et de la sentence. Dans certaines circonstances, une partie peut restreindre l'accès aux secrets d'affaires ou aux autres renseignements confidentiels présentés au tribunal arbitral ou à un conseiller en confidentialité auprès du tribunal.

Paragraphe 5. La décision du tribunal arbitral est définitive et facile à exécuter

Selon le Règlement d'arbitrage de l'OMPI, les parties conviennent d'exécuter la décision du tribunal arbitral sans délai. Les sentences arbitrales sont exécutées par les tribunaux nationaux en vertu de la Convention de New York.

Section 2. Conditions

L'arbitrage désigne une justice privée et payante, chargée de trancher les litiges qui lui sont soumis par les parties dans le respect des principes du droit. Il n'est possible d'y avoir recours que dans certaines conditions. Le recours à l'arbitrage implique tout d'abord que les diverses parties au litige manifestent un accord préalable sur ce mode de règlement du conflit, nul ne pouvant imposer à autrui un mode alternatif de règlement des litiges. Cet accord est formalisé par un écrit qui désigne le(s) arbitre(s) et fixe les règles de procédure qui seront appliquées : il prend le nom de clause compromissoire ou de compromis, selon qu'il est établi avant ou après la naissance du litige qu'il entend régler.

Si l'arbitre doit généralement statuer en droit, ce qui le dote d'une fonction juridictionnelle au même titre que le juge, les parties peuvent décider d'y avoir recours comme « amiable compositeur » afin qu'il se prononce en équité. L'arbitre rend une sentence qui possède entre les parties l'autorité de la chose jugée. En revanche, celle-ci n'acquiert force obligatoire que par l'intervention d'un juge qui délivre une « ordonnance d'*exequatur* ».

La sentence arbitrale est en principe susceptible d'appel devant la cour d'appel dans le ressort de laquelle elle a été rendue. Néanmoins, les parties peuvent y renoncer dans la convention d'arbitrage, ce qui est la pratique habituelle. Un recours en annulation de la sentence est alors toujours possible, notamment en cas d'atteinte par l'arbitre à des règles d'ordre public. Le recours à l'arbitrage est fréquent en matière de commerce international, notamment parce qu'il permet de trancher les litiges de manière rapide et discrète. Néanmoins, il s'agit d'une justice très coûteuse, et qui offre de faibles garanties d'indépendance et d'impartialité.

Section 3. La rapidité et discrétion

Mais en quoi consiste cet arbitrage ''normal'' qu'affectionnent nombre d'acteurs de la place et d'ailleurs ? Il s'agit de faire trancher un litige par une ou plusieurs personnes privées dont la décision (appelée ''sentence arbitrale'') aura force de jugement. Ce sont les parties qui, d'un commun accord, choisissent d'évincer la justice étatique au profit de l'arbitrage. Ce qui motive un tel choix ? ''L'arbitrage présente l'avantage d'aller vite dans un cadre confidentiel, de permettre aux parties de choisir des arbitres qui sont des spécialistes de l'objet du litige et qui sont de nationalités tierces lorsque le litige est international'', résume le professeur Clay. Chevillée au corps de l'arbitrage, la confidentialité est un atout précieux dans un monde où la concurrence fait rage et où les acteurs sont plus que jamais soucieux de leur réputation. Cela leur évite de se radicaliser par des prises de position publiques. Par ailleurs, souplesse oblige, la décision peut être rendue en droit et/ou en équité pour tenir compte des usages du commerce. Il n'y a donc rien d'étonnant à ce que l'arbitrage séduise des acteurs situés aux extrémités de la planète, qui s'émancipent ainsi du carcan de droits trop rigides.

Section 4. Les dix mois en moyenne

Tous les litiges sont a priori ''arbitrables'' sauf ceux liés à la famille et au contentieux pénal. L'exemple type, c'est le différend qui oppose un distributeur à un fournisseur au sujet du règlement de pénalités de retard ou d'un déréférencement. Mais ces juges privés connaissent aussi des conflits entre associés ou actionnaires, entre cédants et cessionnaires d'entreprise... ''On a tendance à conseiller l'arbitrage lorsque les entreprises ont l'habitude de travailler ensemble et souhaitent conserver des relations. Devant un juge, la situation peut vite se durcir. Donc, bien souvent, on prévoit d'abord une médiation qui, si elle échoue, laissera place à l'arbitrage.''
Dans les faits, si la note peut être salée, notamment en matière internationale, le service confine à la perfection. En quelques mois, une décision contraignante, confidentielle et définitive est rendue par des juges de haute

volée sélectionnés par les parties. ‘‘Le temps moyen d'un arbitrage est d'environ dix mois, sachant qu'une procédure judiciaire allant jusqu'en appel dure au minimum trois ans'', rappelle Sophie Henry, secrétaire générale du Centre de médiation et d'arbitrage de Paris (CMAP), l'un des principaux centres d'arbitrage dédiés aux contentieux commerciaux impliquant des entreprises françaises.

Section 5. Les hommes de l'art

La célérité de la procédure arbitrale n'est pas son seul atout. Contrairement aux juges étatiques qui ne sont pas à première vue des techniciens de l'affaire en cause, les arbitres ont précisément ce mérite d'être des hommes de l'art. ‘‘Le fait d'être entendu par ses pairs est très apprécié des parties'', assure. Ainsi, il n'est pas rare que le tribunal arbitral comprenne un expert du secteur concerné, un avocat ayant une bonne connaissance des montages financiers et juridiques, et un professeur de droit des affaires aux talents incontestés en la matière. Cette complémentarité des profils des juges est perçue comme un gage de qualité de leur travail. Et, constate l'avocat Julien Fouret, ‘‘mes clients sont même étonnés de ce niveau de professionnalisme des arbitres et du soin qu'ils apportent au dossier''.
Par exemple, dans une affaire opposant un assureur à un courtier lui reprochant d'avoir violé l'obligation d'exclusivité de leur contrat, le tribunal arbitral était composé d'un directeur de société de courtage, d'un professeur de droit et d'un avocat qui avaient tous vingt ans d'expérience dans le domaine de l'assurance. Dans une matière très technique telle que celle-ci, l'arbitrage fait la différence. ‘‘Outre l'immense avantage de ne pas avoir à expliquer les fondamentaux à ses juges, il est plus difficile de mentir à quelqu'un qui connaît bien la matière. Les entreprises ont le sentiment qu'en choisissant leurs juges, elles achètent aussi leur sécurité juridique''. Et les juges n'y voient aucunement une marque de défiance. ‘‘Ils ne se sentent pas dépossédés de leur fonction de juger, et cette adhésion participe de la force de la place de Paris comme place de référence en matière d'arbitrage''.

Section 6. L'équité

Comment se déroule la procédure arbitrale ? Sa souplesse est telle que les parties peuvent la prévoir à n'importe quel moment de leurs relations, même lorsque leur litige est déjà né. Sauf que, dans ce cas d'arbitrage ‘‘ad hoc'', il reviendra aux parties de tout décider : mode de désignation des arbitres, lieu de l'arbitrage, calendrier de la procédure... Autant de détails logistiques qu'épargne un recours à l'arbitrage dit ‘‘institutionnel'', encadré par un centre dédié tel que la Chambre de commerce internationale (CCI),

l'Association française d'arbitrage (AFA) ou le CMAP (Centre de médiation et d'arbitrage de Paris).
Encore faut-il le prévoir dans le contrat initial aux termes d'une clause spécifique (la "clause d'arbitrage" ou "clause compromissoire"). La liberté des contractants va même plus loin puisque rien ne leur interdit de choisir une loi différente de celle de la place d'arbitrage. Elles décident aussi du choix de la langue utilisée tout au long de la procédure. Et peuvent s'affranchir du droit au profit de l'équité. Ce critère permet par exemple de moduler une indemnité ou de contourner une prescription qui empêcherait de faire valoir des droits. "L'équité permet aux deux parties de ne pas sortir totalement perdant de l'affaire. Elle a un effet pacificateur". Le seul danger éventuel réside dans le fait que les juges sont ici dispensés de motiver leur décision. "Quand on a un bon argument, il est préférable de le faire valoir en droit".

Section 7. La récusation

Concernant le choix des arbitres, la règle est la suivante : chaque partie, conseillée par son avocat, choisit un arbitre, puis les deux arbitres choisissent le président du tribunal. En l'absence de choix ou en cas de désaccord entre les parties, c'est le centre d'arbitrage ou, à défaut, un juge étatique ("le juge d'appui") qui décidera pour elles. Une fois les arbitres choisis, les parties ont encore la possibilité de les récuser. C'est le cas notamment lorsqu'une partie soupçonne de partialité l'arbitre choisi par l'autre partie ou le président du tribunal. Exemple : l'arbitre, monsieur X, fait partie du conseil d'administration de la filiale de la société Y, partie au litige. C'est en principe la "déclaration d'indépendance" rédigée par chacun des arbitres dès sa désignation qui révèle la nature et la fréquence de ses éventuels liens avec les autres acteurs de la procédure. Cette profession de foi garantit noir sur blanc à chacune des parties que leurs juges n'entretiennent entre eux aucune relation pouvant nuire à leurs intérêts. "Une demande de récusation de la part d'une partie peut générer un climat de suspicion et conduire l'autre partie à solliciter la récusation d'un autre arbitre. Cette demande est présentée au CMAP dont la décision s'imposera aux parties."
Pour quelle raison une partie peut-elle avoir "intérêt" à récuser un arbitre ? "Il faut, précise le professeur Clay, distinguer deux types de récusation : celle d'une partie qui dispose d'arguments sérieux pour écarter un arbitre qu'elle estime non indépendant, et celle de la partie qui agit de manière dilatoire pour bloquer ou retarder la procédure. Si la première est légitime, la seconde doit être sanctionnée par l'autorité saisie de l'incident de récusation.
"La récusation peut intervenir à tous les stades de la procédure. Mais "plus l'arbitre sera transparent au début de l'instance sur ses éventuels liens avec les parties ou leurs avocats, voire avec les co-arbitres, plus il sera à l'abri

d'une récusation une fois sa nomination confirmée. Un arbitre qui ne révèle pas tous les éléments significatifs prend un risque pour la procédure arbitrale et pour lui-même. C'est ce qui s'est passé dans l'arbitrage Tapie/CDR, où l'un des arbitres, pourtant tenu à une obligation de révélation ''étendue'', a oublié de révéler ses liens avec l'avocat de Bernard Tapie'', rappelle Thomas Clay.

Section 8. Les témoins

C'est une fois les arbitres validés et non récusés que la procédure peut débuter. Et c'est l'acte de mission'' qui la déclenche, dont le but est d'organiser l'instance jusqu'à son terme. Concrètement, les parties se réunissent avec leurs avocats et les arbitres et fixent le calendrier des échanges de pièces et d'écritures, de l'audience de plaidoiries, des auditions de témoin... ''Un directeur commercial ou un expert technique intervenu sur un chantier peut être appelé comme témoin et venir éclairer le tribunal sur tel ou tel élément, l'objectif étant d'aider les juges à avoir une vision plus pragmatique du dossier. Cette pratique anglo-saxonne est spécifique à l'arbitrage''. Reste que l'atout essentiel de l'arbitrage réside dans sa discrétion. On est jugé ''en famille'', sans effet de manche, dans les salons feutrés de la confidentialité. Mais tout cela a un prix.

Section 9. Coût élevé

Ce n'est pas seulement une appréhension, c'est une réalité. La contrepartie de cette justice cinq étoiles, c'est son coût, paramètre qui en dissuade plus d'un... Les honoraires des arbitres, a fortiori s'il s'agit de sommités, sont relativement élevés. ''S'y ajoutent ceux des avocats, qui représentent 85 % des coûts d'un arbitrage''.

''Le coût moyen d'un arbitrage au CMAP s'élève à moins de 50 000 euros pour un tiers des affaires, dont l'enjeu en litige est inférieur à 1 million d'euros, entre 50 000 et 100 000 euros pour un autre tiers (intérêts compris entre 1 et 10 millions) et à plus de 100 000 euros pour le troisième tiers. Mais ce coût correspond à des litiges dont l'enjeu financier est supérieur à 10 millions d'euros''.

L'avance de ces frais doit être faite par les deux parties en litige même si, in fine, ils seront supportés en totalité - ou presque - par la partie perdante. Si les torts sont partagés, les frais d'arbitrage le sont aussi. ''Les retours des entreprises, qu'elles soient petites, moyennes ou grandes, sont généralement positifs en dépit du coût indéniable de la procédure''. Ce coût est toutefois prévisible. Un barème par tranches est fixé à l'avance en fonction de l'enjeu du litige et du nombre d'arbitres. Par exemple, le calculateur automatique de la CCI permet, en rentrant le montant en litige, de chiffrer le coût de la

procédure. Même chose sur le site du CMAP, dont l'arbitrage est considéré comme l'un des plus accessibles financièrement.
Qu'est-ce qu'un bon arbitrage ? ''C'est lorsque les deux parties sont mécontentes'', souffle-t-on dans le milieu. Comme si une sentence n'était ''juste'' que lorsqu'aucune des parties n'en retire une totale satisfaction. Plus prosaïquement, ''une bonne décision, c'est celle qui donnent aux parties le sentiment d'avoir épuisé toutes les questions qu'elles voulaient voir débattre et dont le sens leur semble clair''. D'où l'importance de redoubler de vigilance lors de l'étape préliminaire, qui est le choix des arbitres. Car, dit l'adage, ''tant vaut l'arbitre, tant vaut l'arbitrage''.

Section 10. L'arbitrage international

L'arbitrage (mode non étatique de règlement des litiges) est la résolution de conflit par l'intermédiaire d'un tribunal arbitral composé d'un ou plusieurs arbitres (en général trois). L'arbitre est un véritable juge dont la décision s'impose aux plaideurs. L'arbitrage permet donc de régler un litige (sans passer par les tribunaux de l'Etat mais par une juridiction arbitrale), en confiant le différend à un ou plusieurs particuliers choisis par les parties.
Il s'agit pour les deux parties en présence d'accepter de faire trancher leur litige par un ou plusieurs tiers. Cette justice privée présente certaines caractéristiques :

- elle fait abstraction des lois des États ;
- elle est discrète, puisque la procédure d'arbitrage n'est pas publique, ce qui est un atout dans un certain nombre de domaines, en particulier en matière commerciale ;
- elle est rapide, puisqu'elle s'affranchit des lourdeurs de la justice d'Etat ; du point de vue de celui-ci ;
- les parties prennent à leur charge la rémunération du ou des arbitre(s) ;
- il est possible que les arbitres se prononcent non en droit, mais en équité si les parties le leur demandent au titre de l'amiable composition.

L'arbitrage présente cependant quelques désagréments : il peut être difficile de trouver des arbitres incontestables et leur rémunération peut être un problème.

Section 11. Le rôle de la Chambre de commerce internationale

La Cour internationale d'arbitrage de la Chambre de commerce internationale est la principale institution mondiale de règlement des différends commerciaux internationaux. Son siège est dans le VIIIe arrondissement de Paris. Plus de 14 000 dossiers ont été traités par la Cour depuis sa création. Pour la seule année 2005, 521 affaires lui ont été soumises, impliquant un total de 1 422 parties originaires de 117 pays.

Section 12. Comment recourir à l'arbitrage ?

Toute personne physique ou morale de droit privé (et plus exceptionnellement de droit public), confrontée à un litige, peut recourir à l'arbitrage afin de faire trancher le différend l'opposant à une ou plusieurs autres personnes. Toutes les parties doivent cependant consentir au règlement du litige par voie arbitrale. Si une seule des parties n'accepte pas le recours à cette justice privée, seuls les tribunaux ordinaires sont compétents selon les règles normales de procédure. Par ailleurs, la législation de chaque Etat peut prévoir des conditions supplémentaires pour la validité d'une procédure arbitrale. En droit OHADA par exemple, l'arbitrage n'est possible que lorsqu'il s'agit de trancher un litige en relation avec l'activité professionnelle des parties (exemple : une action en reconnaissance de paternité n'est pas arbitrable mais relève de la compétence exclusive des juridictions étatiques de droit commun. En revanche, une difficulté née d'un défaut de livraison de marchandises achetées par un commerçant à un autre commerçant dans le cadre de leurs activités professionnelles respectives pourrait être soumise à un tribunal arbitral).

Les parties peuvent manifester leur volonté de recourir à une procédure arbitrale par deux moyens :

- soit avant la naissance du litige, en stipulant une clause prévoyant qu'en cas de difficulté entre elles dans le cadre de l'exécution d'un contrat, le différend sera tranché par une juridiction arbitrale : cette clause spécifique incluse au contrat (ou prévue dans une convention qui renvoie au contrat principal) est appelée « clause compromissoire ». La clause compromissoire doit être stipulée par écrit et désigner le nom du (des) arbitre(s) ou prévoir les modalités de sa (leur) désignation lorsque le litige sera né.
- soit après la naissance du litige en rédigeant un accord soumettant le différend à l'appréciation d'un tribunal arbitral : ce document est appelé « compromis d'arbitrage » (à ne pas confondre avec le compromis de vente qui est l'échange de promesses réciproques d'achat et de vente dans le cadre, par exemple, d'une vente immobilière ou d'une cession de fonds de commerce).

Dans la pratique, il est rarissime que les parties s'entendent après la naissance d'un litige pour soumettre leur différend à un tribunal arbitral. En règle générale, les procédures arbitrales sont donc mises en place en raison de l'existence d'une clause compromissoire préalable (Congo, Bénin, Sénégal, Togo).

Dans la plupart des cas, les clauses compromissoires sont rédigées de façon minimaliste, les parties se contentant d'y indiquer le principe du recours à l'arbitrage et les modalités pratiques de désignation des arbitres. Dans une telle hypothèse, la pratique a développé la technique du compromis après clause compromissoire : lors de la première audience du tribunal arbitral, les arbitres invitent les parties à conclure un compromis d'arbitrage qui complète la clause compromissoire en réglant les détails de la procédure à suivre devant le tribunal arbitral (notamment, les règles de tenue des audiences, le nombre de mémoires d'arbitrage à échanger, etc.).

Section 13. La clause compromissoire

En matière d'arbitrage international, la clause compromissoire est juridiquement indépendante du contrat qui la contient, et ce en vertu d'une règle matérielle du droit international de l'arbitrage. Ainsi, la Cour de cassation a précisé que l'existence et la validité de la clause compromissoire doivent s'apprécier sous réserve des dispositions impératives du droit français et de l'ordre public international, d'après la commune intention des parties et sans qu'il soit nécessaire de se référer à une loi étatique. Cette clause est transmissible de plein droit dans les chaînes de contrats translatifs de propriété, entre l'acquéreur et le sous-acquéreur de la chose, en tant qu'accessoire du droit d'action, lui-même accessoire du droit substantiel transmis.

La clause compromissoire est dotée de la force obligatoire et s'impose aux parties qui doivent constituer le tribunal arbitrage pour trancher leur litige. La Cour de cassation a autorisé le recours au juge d'appui en matière d'arbitrage international, pour suppléer la partie défaillante dans la constitution du collège arbitral, sur le fondement du déni de justice prohibé par l'ordre public international et l'article 6-1 de la CEDH. En vertu du principe de compétence-compétence l'arbitre peut poursuivre sa mission malgré la contestation de l'existence ou de la validité de la clause compromissoire, et demeure compétent en premier lieu pour statuer sur sa propre compétence. À l'inverse, le juge étatique est incompétent pour se prononcer sur le litige au fond et la validité de la clause compromissoire (sauf nullité manifeste de la clause), en vertu du principe d'incompétence (Congo, Cameroun, Gabon, Bénin).

Les contrats passés entre commerçants peuvent, de plus, anticiper un litige encore inexistant en convenant que, si une contestation survient, elle devra être résolue par un arbitrage et non par une instance judiciaire. Cette stipulation, prévue par les articles 1442 du Code de procédure civile et 631 du Code de commerce, s'appelle la clause compromissoire.

Nulle jusqu'à récemment en matière autre que commerciale, le législateur en a étendu l'accès aux litiges entre professionnels de nature civile en réécrivant l'article 2061 du Code civil. Cette réforme a suscité une certaine méfiance, la clause compromissoire pouvant être imposée au contractant le plus faible, privée du recours judiciaire « normal » (Mali, Congo, Bénin, Cameroun). Une clause compromissoire doit être écrite à peine de nullité, et désigner le ou les arbitres, ou les modalités de leur désignation. La désignation des arbitres est soumise au principe d'égalité des parties, qui est d'ordre public. La clause compromissoire présente une autonomie juridique par rapport au contrat dans lequel elle s'insère. Par conséquent, la nullité de la convention principale n'affecte pas la validité de la clause compromissoire.

Section 14. Sentence arbitrale

La sentence arbitrale est la décision rendue par le tribunal arbitral. Le Code de procédure civile subordonne la production d'effets de droit des sentences arbitrales au respect d'une certaine structure.

Paragraphe 1. Structure de la sentence

La sentence arbitrale doit être écrite et doit contenir un exposé succinct des prétentions respectives des parties et de leurs moyens de droit. La sentence doit être motivée en droit (lorsque les arbitres statuent en droit) ou en équité (lorsque les arbitres statuent en amiables compositeurs). La sentence doit également mentionner le nom des arbitres, la date et le lieu où la sentence a été rendue, l'identité des parties et de leurs conseils. Enfin, la sentence doit être signée par les arbitres (ou mention doit être faite du refus de signer).

Paragraphe 2. Effets de la sentence arbitrale

La sentence arbitrale est dotée de l'autorité relative de chose jugée entre les parties, et peut être opposée aux tiers. Toutefois, la sentence arbitrale est dépourvue en tant que telle de force exécutoire. Seule une décision d'exequatur émanant du tribunal de grande instance peut conférer la force exécutoire nécessaire à l'exécution forcée d'une sentence arbitrale. La demande d'exequatur est adressée au président du TGI par voie d'ordonnance sur requête (procédure unilatérale et non contradictoire). L'un des arbitres ou la partie la plus diligente dépose la minute de la sentence accompagnée d'un exemplaire de la convention d'arbitrage au secrétariat du TGI. La formule exécutoire est apposée sur la minute de la sentence arbitrale, après vérification de la nature de l'acte, et sauf contrariété manifeste de la sentence à l'ordre public (Mali, Tchad, Congo, Gabon, Cameroun).

Section 15. L'application du mécanisme

L'arbitrage est une alternative à l'instance judiciaire, et le législateur a voulu que la liberté, aux termes de l'article 1460 du CPC, soit la règle. Les parties reprennent le contrôle de l'affaire et conduisent l'instance arbitrale à leur guise, l'arbitre étant un délégué. Elles peuvent choisir chacune un arbitre qui désigneront un troisième arbitre, les trois formant un collège appelé tribunal arbitral. Les parties ont le choix de la personne à laquelle sera confiée la mission d'arbitre, mais dans la pratique, la technicité de la plupart des litiges passant devant l'arbitrage exige que la mission échoit à des juristes et techniciens chevronnés (et parfois très spécialisés : franchise, import-export, informatique, propriété intellectuelle, etc.) attachés à des structures permanentes, telles que la Chambre arbitrale de Paris.
Le terme de « mode juridictionnel » (mais non judiciaire) de règlement des litiges trouve donc ici parfaitement à s'appliquer. En effet, l'arbitrage est de nature hybride, à la fois décisionnel et conventionnel, les arbitres étant missionnés pour décider en vertu d'une convention formée par les parties. Leur décision, appelée sentence arbitrale, ressemble presque exactement à une décision de justice « classique » et est motivée en droit. L'arbitrage, bien que très encadré par l'autorité judiciaire, est ainsi parfois qualifié de « justice privée ». Les commerçants et les entreprises ont recours à l'arbitrage en raison des besoins spécifiques du monde des affaires : rapidité, discrétion et surtout cas d'espèces très spécialisés. L'arbitrage est sans doute le plus employé des modes de règlements alternatifs des litiges, notamment en contentieux commercial international (grandes entreprises contre États, par exemple l'affaire des frégates de Taïwan...). À tel point qu'il en arrive à présenter maints défauts attribués à la justice d'État : encombrement, lourdeur, complexité, auxquels s'ajoutent les honoraires assez conséquents des arbitres, qui mettent ce mode de règlement hors de portée des particuliers (Congo, Gabon, Cameroun, Tchad, Centrafrique).

Section 16. L'arbitre amiable compositeur

Il existe une variante à la forme précédente : l'article 1474 du CPC en sa version antérieure au décret n° 2011-48 du 13 janvier 2011, prévoit que le compromis d'arbitrage (ou la clause compromissoire) peut stipuler que l'arbitre statuera comme amiable compositeur. L'autorisation donnée à l'arbitre par les parties de statuer comme amiable compositeur a d'importants effets. Elle donne à l'arbitre la liberté, s'il le juge nécessaire, d'écarter la règle de droit qui lierait un juge et de statuer en équité. L'équité est une notion séduisante considérée avec prudence par le législateur. Elle consiste à admettre que certaines contestations peuvent être résolues, eu égard à certains faits de l'espèce, en écartant une règle de droit qui

s'imposerait au juge ordinaire. Une partie peut ainsi renoncer à réclamer l'application d'un droit, qui théoriquement s'appliquerait, en contrepartie d'une convention satisfaisante. Un droit auquel on peut renoncer est par exemple celui tiré d'une prescription, droit que l'on peut, même en justice, omettre de soulever. Amiable composition ne veut pas dire pour autant évasion dans le non-droit. L'arbitre amiable compositeur reste, d'une part, tenu d'appliquer les règles d'ordre public (celle auxquelles on ne peut déroger par contrat) mais d'autre part sa latitude d'écarter la règle est facultative, l'affaire pouvant fort bien se régler « équitablement » en application d'une règle de droit. Néanmoins la Cour de cassation a jugé que lorsque l'arbitre amiable compositeur faisait application de la règle de droit pour parvenir à l'équité, il devait, justement parce que sa mission est « l'amiable composition », motiver cette décision.[6]
L'alinéa 4 de l'article 12 du CPC est considéré par la doctrine comme ayant, dans sa concision, de vastes effets insuffisamment appliqués. Il dispose que « Le litige né, les parties peuvent aussi, dans les mêmes matières et sous la même condition, conférer au juge mission de statuer comme amiable compositeur (...) ». En tant que mode alternatif, cette disposition est peu employée. Dans l'esprit des justiciables, l'amiable composition est du domaine de l'arbitrage. Or l'alinéa 4 de l'article 12 autorise *le juge* à statuer en équité, il s'agit donc d'une exception, qui pourrait être très utile, à la règle générale donnant seule mission au juge d'appliquer et de faire respecter le droit. L'alinéa 4 transforme le juge en arbitre en lui offrant une liberté considérable, sans entraîner l'inconvénient principal de l'arbitrage privé qui est son coût, inaccessible aux particuliers. De plus, le justiciable bénéficie de toute la compétence du juge professionnel. Quelques réserves freinent néanmoins le recours plus fréquent à ce mode de résolution. Le texte conditionne l'amiable composition par le juge à ce que le litige soit « né ». La possibilité de stipuler une clause le prévoyant est donc exclue, ce que l'on peut regretter puisque l'article 2061 l'autorise désormais pour les professionnels civils, élargissant considérablement son champ d'application, laissant, pour ainsi dire, l'alinéa 4 de l'article 12 quelque peu en arrière. Là encore, la distinction avec la conciliation n'est pas toujours claire, ce qui peut créer une confusion dans l'esprit des justiciables (Guinée Bissau, Guinée Conakry, Tchad, Sénégal).

Section 17. Qui peut en bénéficier ?

Toute personne privée ou toute entreprise confrontée à un litige à condition que les parties soient d'accord toutes les deux pour recourir à l'arbitrage. Les deux modes de recours à l'arbitrage :

---

[6] Civ. 2e, 10 juillet 2003

- soit par une clause compromissoire[7] ; il s'agit d'une clause qui prévoit le recours à l'arbitrage pour un litige futur. Le recours à l'arbitrage peut donc être prévu à l'avance, avant tout litige. *La clause compromissoire préexiste au litige.*
- soit à la conclusion d'un accord d'arbitrage[8] ; dit compromis (un compromis est l'échange de promesses entre deux personnes ou plus. C'est le résultat d'une négociation entre les parties en présence où chacune aura fait des concessions pour arriver à une solution commune qu'elles devront conjointement exécuter). Il s'agit d'une convention passée entre les parties, mais à la différence de la clause compromissoire, une fois que le litige est né : *le litige préexiste au compromis*. Les parties vont se mettre d'accord pour soumettre le litige aux arbitres.
Cependant, il n'est pas possible de compromettre (au sens juridique) sur les droits dont on n'a pas la libre disposition, ce qui est très souvent le cas en droit de la famille par exemple (divorce, filiation, etc.). Depuis une loi du 15 mai 2001, la clause compromissoire est en principe valable dans tous les « contrats conclus à raison d'une activité professionnelle »[9] commerciale ou non. Peuvent donc être soumis à l'arbitrage des conflits relatifs à la consommation (litige avec un commerçant), au règlement d'une succession, mais aussi des conflits entre locataires et bailleurs, certains conflits entre employés et employeurs, etc.

Section 18. Quel est l'avantage de cette procédure ?

L'avantage principal de l'arbitrage est la facilité de faire exécuter les sentences dans un contexte international, la plupart des pays ayant ratifié la Convention de New York de 1958 qui reconnaît la même valeur à une sentence arbitrale qu'à un jugement national. L'affaire n'est pas jugée par un tribunal mais par un ou plusieurs particuliers appelés « arbitre » ; chacune des parties désigne son arbitre.
Dans le cas où les parties leur ont donné des pouvoirs d'amiable composition, les arbitres sont dits amiables compositeurs et peuvent se dispenser d'appliquer au fond du litige les règles juridiques applicables devant les tribunaux de l'Etat. Mais ils restent tenus d'appliquer les principes directeurs du procès civil et de respecter l'ordre public ; de plus, l'amiable composition les oblige à statuer en équité et à se référer explicitement à l'équité comme la cause déterminante de leur décision, dans le texte de celle-ci. Tous les arbitres se doivent d'être impartiaux et indépendants des parties puisqu'ils participent de la fonction juridictionnelle, comme le feraient des

[7] Article 1442 du CPC, voir plus haut.
[8] Article 1447 du CPC.
[9] C. civ., art. 2061.

juges. Ils rendent en effet une sentence, assimilable à un jugement, de nature juridictionnelle.
À peu près n'importe qui peut être arbitre, mais ce sont généralement des personnes dont la profession ou l'expérience leur confère une compétence certaine en droit ou des experts judiciaires. Cette procédure par rapport aux voies de recours ordinaires (procédures devant les tribunaux) présente des avantages : plus rapide, plus discrète et moins coûteuse.

CHAPITRE 2. LA MEDIATION JUDICIAIRE

La médiation est devenue au XXe siècle une pratique ou une discipline qui vise à définir l'intervention d'un tiers pour faciliter la circulation d'information, éclaircir ou rétablir des relations. Ce tiers neutre, indépendant et impartial, est appelé médiateur. La définition de cette activité varie selon les contextes d'application. Néanmoins, des constantes existent à chaque fois qu'un tiers intervient pour faciliter une relation ou la compréhension d'une situation et des éléments de pédagogie et de qualité relationnelle se retrouvent dans les pratiques de la médiation.

Particulièrement popularisée en matière de résolution des conflits, elle présente différentes conceptions liées à celles relatives à l'individu. La chambre professionnelle de la médiation et de la négociation définit la médiation comme une *discipline à part entière* rigoureuse et dotée d'un processus structuré et identifie cette manière de résoudre les conflits comme la seule à même d'entretenir la liberté relationnelle et contractuelle, par-delà les aléas conflictuels. Les médiateurs professionnels dissocient ainsi la médiation de l'arbitrage et de la conciliation, en démontrant que ces deux modes consistent dans l'intervention d'un tiers qui impose une solution ou la recommande en faisant un rappel à la morale ou à la loi. Un débat sur la définition de la médiation et de ses objectifs est animé par les courants d'influence qui habituellement interviennent dans le champ des conflits et de la *qualité de vie* interpersonnelle : religion et idéologie, juridique et règlementation, psychologie et psychothérapie, et philosophie et approche rationnelle.

La pratique de la conciliation est similaire à celle de la médiation, mais la médiation professionnelle s'en distingue fortement. La principale différence entre le conciliateur et le médiateur est que le premier est un bénévole, qui prend ses missions sous la tutelle d'une autorité (judiciaire ou gouvernementale), tandis que le médiateur tend à être indépendant. Quant à la médiation professionnelle, elle est rattachée à l'exercice exclusif de la discipline de la qualité relationnelle et de la résolution des différends.

Section 1. Définition juridique en droit français[10]

La médiation s'entend de tout processus structuré, quelle qu'en soit la dénomination, par lequel deux ou plusieurs parties tentent de parvenir à un accord en vue de la résolution amiable de leurs différends, avec l'aide d'un tiers, le médiateur, choisi par elles ou désigné, avec leur accord, par le juge saisi du litige. Avec une telle définition, la médiation juridicisée inclut des formes variées de règlement amiable pas nécessairement prévues par les textes officiels : médiation judiciaire ou conventionnelle, voire les systèmes de médiation dépendants de services publics ou privés, et dans certains cas, l'intervention de conciliateur de justice.

Section 2. Définition en sciences de l'information et de la communication

Selon la professeure Ghislaine Azémard, en sciences de l'information et de la communication, la médiation peut se définir comme « un procédé de communication et de transmission qui utilise un ou plusieurs intermédiaires, qui peuvent être de nature différente. La médiation permet de rendre accessibles des informations par différents processus de codage-décodage. ». On distingue généralement dans ce domaine quatre types de médiations : pédagogique, culturelle, scientifique et territoriale. La médiation peut avoir pour intermédiaire un média, on parle alors de médiatisation.
En muséologie, *médiation* est utilisée comme synonyme pour l'interprétation patrimoniale. Le Conseil international des musées définit médiation comme « l'action visant à réconcilier ou mettre d'accord deux ou plusieurs parties et, dans le cadre du musée, le public du musée avec ce qui lui est donné à voir ; synonyme possible : intercession. »

Etymologie et origine du mot. En bas latin, le *mediator* est un intercesseur, un entremetteur. Le mot latin *mediator* est lui-même dérivé de *medius*, médiateur, formé sur la racine *med*, qui, selon Ernoux et Meillet, se trouve d'un bout à l'autre du domaine indo-européen, au sens de ''penser, réfléchir'' ». Le mot « médiation », après avoir eu en ancien français le sens de « division », prend au XVIe siècle sa valeur moderne d'« entremise destinée à concilier ».

---

[10] En France, une ordonnance n°2011-1540 du 16 novembre 2011 a été prise en application de la loi du 17 mai 2011 de simplification et d'amélioration de la qualité du droit. Elle porte transposition de la directive (n°2008/52/CE) du Parlement européen et du Conseil du 21 mai 2008 sur certains aspects de la médiation en matière civile et commerciale. Elle est accompagnée d'un rapport explicatif.

Section 3. La médiation et les modes alternatifs

Selon la catégorisation anglo-saxonne, la médiation fait partie des modes alternatifs de résolution des conflits. Parfois assimilé à une procédure, lorsqu'elle est prévue par des textes législatifs, elle est néanmoins unanimement considérée comme devant respecter un processus spécifique d'accompagnement. Selon la définition de la CPMN, elle implique l'intervention d'un tiers neutre, impartial et indépendant, le médiateur, lequel est un intermédiaire dans les relations. Avec la définition et les techniques de la médiation, la médiation des conflits *instrumente la qualité relationnelle et de communication.* Selon le syndicat de médiateurs, *la médiation est le seul moyen assisté par un tiers qui promeut la liberté de décision des protagonistes d'un conflit.*
Tandis que des pratiques de la médiation institutionnelle consistent dans la prise en charge de différend, sous forme de traitement d'un dossier, les professionnels tendent à mettre en évidence que la médiation est le seul processus de règlement des différends à avoir pour conséquence de laisser les parties seules décisionnaires de l'accord qui résultera de leur discussion animée par le médiateur. Elle consiste à étendre l'exercice de la liberté contractuelle et relationnelle au-delà des conflits.
Des médiateurs privés indépendants ont défini en 2001, en créant le premier syndicat des médiateurs professionnels, la CPMN, les pourtours d'une *médiation professionnelle* appliquée en résolution des conflits. Ils développent le concept de la médiation comme *une discipline à part entière*, avec une identification claire d'un conflit judiciarisable, avec ses trois invariants :

- l'élément juridique ;
- l'élément technique ;
- l'élément émotionnel.

Exclusivement développée par l'Ecole Professionnelle de la Médiation et de la Négociation et pratiquée par les médiateurs adhérents à la CPMN, la médiation professionnelle promeut la qualité relationnelle et propose un processus structuré visant la résolution des conflits.

Section 4. Médiation et système judiciaire

La *médiation conventionnelle* a fait son apparition en France dès le début des années 1980 tout d'abord dans les associations spontanées de soutien de la parentalité. Dans la démarche de médiation dite conventionnelle, la médiation est librement et spontanément choisie par les parties qui effectuent elles-mêmes le choix du tiers médiateur.
La médiation judiciaire a été instaurée en France par la loi du 8 février 1995 et le décret du 22 juillet 1996, codifiés aux articles 131-1 et suivants du Code

de Procédure Civile. Cette forme de médiation s'inscrit dans le cours d'une procédure judiciaire. Elle est *ordonnée* par le juge, sous réserve de l'acceptation des parties. Puis le juge désigne et mandate le médiateur. Il convient d'observer que le juge est en position de forte incitation. Dans le cas d'acceptation en cours de procédure, le juge rend une *ordonnance de médiation*. La durée initiale de la médiation ne peut excéder trois mois. Cette mission peut être renouvelée une fois, pour une même durée, à la demande du médiateur, du juge ou des parties.

En Suisse, la médiation judiciaire a été introduite par les codes de procédures unifiés entrés en vigueur au début 2011. Un accord de médiation, une fois ratifié/homologué par un juge de 1ère instance, a valeur de jugement. Le Parlement européen a adopté, le 23 avril 2008, une directive portant « sur certains aspects de la médiation civile et commerciale ». Cette directive a pour objectif de faciliter l'accès aux modes alternatifs de règlement des conflits en encourageant le recours à la médiation. Elle y est définie comme « un processus structuré dans lequel deux ou plusieurs parties à un litige tentent, volontairement, de parvenir à un accord sur la résolution d'un litige avec l'aide d'un médiateur. Ce processus peut être engagé par les parties, suggéré ou ordonné par une juridiction ou prescrit par le droit d'un Etat membre. »

Section 5. Les différences avec les pratiques connexes

En bref, le médiateur favorise l'émergence d'une solution commune, le conciliateur fait des propositions selon son cadre de référence ou celui qu'il considère être celui des parties en conflits, le négociateur représente l'une des parties, l'arbitre ou juge rend une décision qui impose une solution. Concernant certains modes de régulation très voisins, à l'image de la médiation et de la conciliation, il est nécessaire, au-delà de leurs distinctions, d'intégrer les dimensions individuelles du tiers dans la mesure où ce dernier peut se montrer plus ou moins interventionniste et/ou s'appuyer sur le registre juridique, renforçant ainsi le caractère ténu des différenciations usuelles.

Section 6. Médiation et négociation

La différence entre médiation et négociation est simple : le négociateur est de parti pris. Il représente les intérêts d'une partie. Ce qui implique que le négociateur va chercher à aboutir à une solution donnant satisfaction à la partie qu'il représente. Le médiateur n'est d'aucun parti pris. Il accompagne la réflexion des deux parties en leur permettant de trouver un accord. Cet accord est défini de plusieurs manières, soit en s'inspirant des approches de négociation gagnant-gagnant, ou selon les principes de la négociation contributive, soit, comme indiqué plus haut *le plus satisfaisant possible*, voire *le moins insatisfaisant possible* entre les parties.

Section 7. Médiation et conciliation

Tandis qu'il est entré dans le fonctionnement judiciaire que la conciliation est d'un recours gratuit, parce que réalisée par des magistrats ou des bénévoles, la médiation est payée par les parties, ce qui distingue fortement les deux pratiques. D'autres différences entre la médiation et la conciliation résident dans le rôle du tiers... En principal, le tiers médiateur aide les parties dans leur réflexion et leur décision : il *fait émarger* les décisions des parties ; en conciliation, le tiers conciliateur *propose* lui-même des solutions aux parties. Cependant, la confusion entre les deux pratiques est répandue, voir entretenue, comme des titres d'ouvrages en témoignent.
Une clarification peut être proposée : le litige est la traduction juridique d'un conflit. La médiation s'intéresse au conflit et la conciliation s'intéresse au litige. Dans le litige les faits doivent être qualifiés en droit, dans la médiation les faits en tant que tels importent moins que la façon dont ils ont été compris, vécus, ressentis.

Section 8. Médiation et arbitrage

La différence entre la médiation et l'arbitrage réside dans le fait que l'arbitre rend une décision qui s'impose aux parties qui ont choisi l'arbitrage. Une pratique encore marginale s'est développée notamment aux Etats-Unis, dans le cadre des ADR (Alternatives Disputes Résolution), combinant l'intervention d'un médiateur qui, s'il ne parvient pas à faire émerger une solution peut devenir arbitre, par convention préalable avec les parties ou avec l'accord des parties auxquelles il le propose ou qui le lui demande. Ce procédé est alors nommé *med-arb*. Dans de nombreux règlements d'arbitrage, notamment celui de la Cour Internationale d'Arbitrage de la Chambre de Commerce Internationale (CCI), les parties peuvent recourir à une procédure de médiation ou de conciliation préalablement à l'arbitrage.

Section 9. Les conceptions de la personne et les pratiques de la médiation

S'agissant de la résolution des conflits interpersonnels, la médiation est inévitablement influencée aujourd'hui par les différentes conceptions de la personne. Ces courants d'influence peuvent donner l'impression que, contrairement à la thèse ci-dessus, la médiation aurait une histoire. Mais en fait, il est clair que la médiation, en tant que discipline visant

l'accompagnement de la résolution de différend, n'a pu émerger qu'avec la reconnaissance de la personne en tant que telle.
Ainsi, la médiation est associée à la manière de concevoir les relations interpersonnelles, voire l'origine de l'homme, de ses maux et de son autonomie potentielle pour résoudre ses conflits. Les médiateurs professionnels ont ainsi identifié les quatre courants de pensée qui interfèrent sur les définitions et les pratiques de résolution de conflit par l'intervention d'un tiers :

- *juridique* - avec la réparation d'un préjudice ou la reconnaissance d'une responsabilité considérée parfois comme coupable ;
- *religieux* - avec le pardon d'une faute, d'un pêché ;
- *psychologique* - avec la thérapie pour obtenir une guérison ;
- et *comportementaliste* - avec l'apprentissage de nouveaux comportements face à un changement.

Toutefois, la conception que chacun peut avoir de la personne influence son action s'il est médiateur, selon les valeurs qui sont « au cœur » de ses propres croyances ou motivations. Elle interfère sur le processus (pour certains « procédure ») de médiation et, conséquemment, sur la solution qui vient conclure la médiation, de manière plus ou moins volontaire (de la part des parties) et durable.

Section 10. Ethique et déontologie en médiation

Les points communs des engagements des médiateurs résident dans le fait que la médiation doit s'exercer en toute indépendance. Le médiateur a une obligation de moyens non de résultats. Il doit se comporter de manière impartiale et neutre. Il s'engage sur la confidentialité des échanges et demande aux parties de s'y engager.
Les différences portent sur les références de l'exercice de la médiation, la transversalité des compétences, de l'éthique et de la déontologie qui découlent de l'exercice de la médiation. La CPMN est l'organisation qui a élaboré le premier code d'éthique et de déontologie de la profession, le CODEOME, lequel a inspiré la plupart des autres organisations. Aussi, la CPMN est la première organisation à promouvoir le droit à la médiation, comme un droit constitutionnel de même nature que le droit à l'éducation. Les différents intervenants en médiation ont élaboré des chartes. Certaines, généralement inspirées du Réseau des médiateurs d'Entreprise dans le Rhone-Alpes (France), ou de l'association Amély, se réfèrent au droit. Les médiateurs familiaux, organisés notamment au sein de l'Association pour la médiation familiale - APMF se réfèrent au droit et à la psychologie. Début 2009, des associations de médiation (certaines créées à l'initiative du barreau de avocats de Paris, telles la FNCM ou l'AME, d'autres telles l'APMF, le

RME, la FENAMEF) ont choisi de se regrouper et d'adopter un code de déontologie.

Section 11. La clause de médiation

La *clause de médiation* peut être introduite dans tous les contrats. Elle stipule que les parties signataires envisagent avant tout recours à une procédure judiciaire de faire appel à un médiateur. Cette obligation contractuelle doit être respectueuse des dispositions relatives aux clauses abusives. Le médiateur peut être envisagé dans cette clause en tant que personne physique ou personne morale (telle une société, une association, une chambre de commerce, une chambre syndicale), nommée dans le contrat. Cette clause peut *a fortiori* être introduite dans un accord de médiation, prévoyant ainsi le cas où les parties auraient des difficultés à respecter l'accord (qui est alors un nouveau contrat), notamment dans les circonstances de changement de situation (Côte d'Ivoire, Sénégal, Mali).
La notion de nouveau contrat implique que les parties considèrent leur conflit comme apuré et qu'elles partent sur de nouvelles bases, ce qui ne se produit pas dans le cas de la judiciarisation de l'accord. En effet, la judiciarisation introduit l'élément de méfiance entre les parties qui présupposeraient qu'il convient d'avoir recours à l'arbitrage dans le cas d'un nouveau conflit *malgré* la médiation. En France, la loi proposée par le sénateur Laurent Béteille, prévoit la mise en place de la procédure de droit collaboratif et tend à restreindre l'accès à la médiation (Guinée Bissau, Guinée Conakry, Centrafrique, Tchad).

Section 12. L'accord de médiation

Dans les situations conflictuelles, la médiation nécessite le libre consentement et la capacité de décider. Elle vise un accord durable fondé sur l'engagement et la qualité relationnelle. La qualité et la pérennité de l'accord est classiquement l'équilibre de satisfaction quant à la solution. L'accord se fonde sur l'effort sincère de reconnaissance à la fois des personnes et des intérêts respectifs, comprenant l'anticipation des risques de ruptures de l'accord, des difficultés rencontrées pour son application, avec, parfois, la prévision d'un possible retour en médiation (clause compromissoire) ou, lorsque l'accord est juridiciarisé, l'inclusion de mesures contre celui qui romprait ce pacte (RDC, Burkina Faso, Bénin).
Les parties peuvent choisir que l'accord ne soit pas juridiciarisé (soit écrit sous forme juridique) ou judiciarisé (soit homologué par un juge). L'accord peut rester sous seing privé. Néanmoins, écrit et signé par les parties, il n'en aura pas moins le caractère d'un contrat. Selon les cas, il pourra être question d'un simple compromis, d'un protocole d'accord, d'une transaction.

Champs d'application de la médiation est telle que l'on pourrait la voir se fondre et disparaître. Mais c'est précisément parce qu'elle présente la richesse d'une véritable discipline dans les ressources humaines, au côté, par exemple, de la sociologie, du management ou de l'histoire qu'elle est repérable dans de nombreux domaines. Il est ainsi également possible de concevoir une approche médiation (ou médiale) d'une situation humaine, d'une œuvre (littéraire ou cinématographique).
Les médiateurs professionnels, généralistes, identifient plusieurs champs d'application. Il existe dans tous les courants de la médiation, dont certains (tels dans la médiation familiale où des associations ont demandé et obtenu un diplôme d'Etat), une identification commune des champs d'application :

a) différends entre particuliers (personnes physiques ou /et personnes morales) en matière civile :
- famille, séparation, patrimoine - on identifie ici notamment : médiation conjugale, médiation familial, médiation patrimoine...
- scolarité ;
- voisinage (médiation citoyenne).

Différends entre particuliers et personnes morales (médiation consumériste) :
  - consommation ;
  - construction ;
  - travaux.

b) différends dans les entreprises (médiation d'entreprise) :
  - relations internes ;
  - harcèlement moral ;
  - rupture de contrat.
c) différends économiques inter-entreprises (médiateur économique) :
  - concurrence ;
  - marques ;
  - client / fournisseurs.
d) différends entre les services publics et leurs usagers (Ombudsman) :
e) différends dans le domaine de l'environnement (médiation environnementale) :
  - gestion des ressources naturelles ;
  - externalités ;
  - aménagements.

D'une manière générale, la médiation s'applique partout où il y a transmission de savoir par un tiers neutre et indépendant, partout où une relation contractuelle a été établie. Pierre-Yves Monette, ancien avocat, ex-Médiateur fédéral de Belgique[11], Conseiller honoraire au Cabinet de S. M. le Roi, a présenté en 2000, à Bamako, une réflexion sur les différentes médiations.

[11] Voir Collège des Médiateurs fédéraux.

Section 13. Les avantages de la médiation

1. La médiation en appelle à la responsabilité personnelle et la liberté de consentement de chaque partie ;
2. les parties définissent les modalités de la médiation, avec le médiateur auquel elles confient la responsabilité de la garantie de son bon déroulement ;
3. elle s'adapte aux différents contextes ;
4. elle est un huis-clos : un processus confidentiel auquel les parties et le médiateur s'engagent ;
5. elle est économique, en temps et en argent : moins coûteuse et aléatoire qu'un rapport de force ou une procédure judiciaire ;
6. elle s'inscrit dans la réalité relationnelle : prise en compte du caractère durable ou non durable des relations entre les parties ;
7. elle intègre la réflexion et la créativité de chacun, ouvre à un esprit de contribution pour la résolution des différends et des problèmes ;
8. elle a des avantages qui dépassent la situation en cause : permet d'examiner les aspects d'un différend et d'anticiper les risques inhérents à la mise en œuvre de l'accord ;
9. elle va de la qualité relationnelle à la négociation : intègre un processus créatif ;
10. elle va jusqu'à la conclusion d'un accord ;
11. le médiateur présente des garanties professionnelles.

Section 14. La médiation déconseillée

La médiation serait déconseillée, selon Marinka Schillings, dans deux cas [33] :

1. lorsque l'une des parties est de mauvaise foi, cherche uniquement à gagner du temps et des renseignements sur l'autre partie et n'a en réalité aucune intention de trouver une solution au litige dans le cas de la médiation.
2. lorsque l'une des parties est psychiquement malade. Il arrive dans certains litiges, même interentreprises, qu'une partie développe une obsession maladive à l'encontre de l'autre partie, une sorte de tendance paranoïaque. Elle est alors incapable de comprendre le point de vue de l'autre partie, d'entendre un raisonnement autre que le sien. Dans un tel cas la médiation est vouée à l'échec.

Section 15. La médiation civile

La médiation judiciaire ou civile peut se comprendre de diverses manières selon le but poursuivi.

Ce peut être un apaisement des passions avant tout litige judiciaire dans le but de promouvoir une réconciliation d'ordre psychologique permettant de réduire un conflit et de trouver une solution non pas juridique mais existentielle : c'est la *médiation familiale* proprement dite, exercée par le conseiller conjugal, le psychologue, le psychiatre, jadis le prêtre, parfois l'instituteur. Cette médiation se trouve hors du champ de la justice ; la dimension psychologique ne doit pas disparaître de la médiation judiciaire, mais elle n'en constitue pas le fondement. L'objet de la *médiation judiciaire* est à la fois plus vaste car il recouvre le champ complet des litiges sauf ce qui concerne l'état des personnes et la justice pénale, mais il est aussi plus restreint car il se situe dans le domaine plus étroit du litige et même du procès (Sénégal, Côte d'Ivoire, Niger, Togo).

Section 16. La médiation en amont de l'instance judiciaire

Au Congo, au Cameroun et au Gabon, les parties en litige peuvent saisir le conciliateur de justice de leur canton, en se renseignant à la Mairie, pour parvenir à une transaction concrétisée par un acte sous seing privé. Voici une *médiation civile*, en amont de l'instance. On observera que la transaction ne constitue pas un titre exécutoire et qu'il conviendra de saisir le juge pour obtenir ce titre. En général, il s'agit du juge d'instance. Les parties lorsqu'elles ont fait appel à un avocat sont en général incitées à transiger avant d'engager une instance judiciaire. Là encore il s'agira d'une transaction contractuelle.

Lorsqu'une partie bénéficie d'une assurance protection juridique, cette assurance tente toujours de parvenir à un accord amiable moins coûteux pour elle que les frais d'une instance judiciaire. Enfin la loi prévoit un préliminaire de conciliation obligatoire, en matière prud'homale, devant le juge d'instance en matière d'indemnisation des victimes d'incidents causés par des véhicules à moteur. Cependant il n'existe actuellement pas de médiation judiciaire possible une fois le litige né, pour y mettre fin, avant le jugement de façon à éviter la durée et le coût de la procédure et l'encombrement des tribunaux (Sénégal, Bénin, Mali).

Section 17. La médiation dans le cours de l'instance judiciaire

Les articles 131-1 et suivants du code de procédure civile organisent le déroulement de la médiation judiciaire. L'A.G.A.V.I.P., dans le cadre de l'accès au droit, entend prendre une part active à cette institution remontant à 1996. La création des emplois-jeunes permet de tenter l'expérience en offrant à des juristes de haut niveau, à la recherche d'un emploi, de collaborer à la médiation civile.

Section 18. La procédure de médiation

Après accord des parties et sur ordonnance du juge, les médiateurs, un médiateur-sénior, juriste confirmé, magistrat honoraire ou haut fonctionnaire retraité, associé avec un médiateur junior, emploi-jeune, chargé du secrétariat des recherches et de la rédaction, recevront les parties et leurs conseils pour tenter de parvenir à un accord amiable. A tout le moins les parties pourront s'exprimer autour d'une table, exposer leurs moyens de preuve, confronter leurs points de vue, faire entendre leur avocat de façon à exposer sans contrainte, librement et en toute confidentialité, leur litige. Cette libre discussion ne peut que permettre de clarifier le débat et d'essayer de parvenir à une solution négociée. Si ce résultat est atteint il suffira de rédiger une transaction que le juge homologuera lors d'une audience de pure forme. Ainsi la médiation judiciaire donnera lieu à l'établissement d'un titre exécutoire à la différence de la conciliation ou de la transaction privée (Gabon, Mali, Cameroun, Sénégal, Congo).
En cas de désaccord, les médiateurs dresseront un rapport de leurs opérations de façon objective sans rappeler les discussions verbales de tentative de transaction qui doivent rester secrets puisqu'elles n'ont pas abouti, chacune des parties reprenant sa liberté après avoir vainement puisqu'il s'agit d'un échec, fait des concessions réciproques. Le rapport des médiateurs, résumant le litige, sera adressé aux parties qui pourront y joindre leurs observations et sera joint au dossier que recevra le juge (Guinée Bissau, Guinée Conakry, Centrafrique, Tchad).

Paragraphe 1. Comment faire appel au médiateur judiciaire ?

Si celle-ci est acceptée par les parties, le juge confie l'affaire à une personne physique (formée spécialement à cet effet) ou à une association pour une durée de trois mois. Le médiateur peut demander une fois le renouvellement de cette période.

Paragraphe 2. La médiation judiciaire est-elle gratuite ?

Non. La rémunération du médiateur (entre 200 € et 800 €) est fixée par le juge à l'issue de sa mission. Les parties s'accordent sur la répartition des frais de cette rémunération. A défaut d'accord, le juge répartit également ces frais sur les deux parties, sauf s'il estime que cette répartition est inéquitable pour l'une des parties, auquel cas il la fixe en fonction des ressources de chacune des parties.
A noter : les frais de la médiation sont éligibles à l'aide juridictionnelle.

Paragraphe 3. Quelle est la mission du médiateur judiciaire ?

Au Cameroun, au Tchad, au Centrafrique, en RDC, le médiateur tente d'amener les parties à un accord. Il les reçoit, les invite à exprimer leur point de vue et à écouter celui de l'autre partie. Il ne dispose pas de pouvoirs d'instruction. Il peut néanmoins, avec l'accord des parties et pour les besoins de la procédure, entendre les personnes qui y consentent. Le médiateur est tenu au secret. On attend aussi de lui qu'il fasse preuve de neutralité. Le médiateur ne pourra ainsi témoigner et révéler des informations qu'il aurait recueillies dans la procédure de médiation. Toutefois, il est tenu d'informer le juge en cas de difficultés liées à l'exécution de sa mission. Le juge peut alors décider de mettre un terme à la mission du médiateur. La médiation peut aussi prendre fin, à la demande des parties ou du médiateur, par une décision du juge saisi initialement.

Paragraphe 4. Que se passe-t-il ensuite ?

Lorsque sa mission est terminée (soit en raison de la survenance du délai, soit par décision du juge), le médiateur informe le juge des solutions auxquelles les parties sont arrivées et, le cas échéant, de l'absence d'accord entre elles. En cas d'accord entre les parties, le juge l'homologue. Les parties sont désormais tenues de respecter les termes de l'accord et de remplir les obligations qui y figurent. A défaut d'accord, le juge reprend l'affaire en main. La médiation judiciaire prend deux formes :

- *la médiation civile* et sa variante la médiation familiale qui a pour objet de trouver des solutions aux situations conflictuelles qui peuvent surgir au sein de la famille (par exemple, lorsqu'un couple se sépare ou divorce et ne parvient pas à s'entendre sur les conséquences de la rupture ou lorsqu'un couple marié n'arrive pas à se mettre d'accord sur la contribution de chacun aux charges du mariage ou l'éducation des enfants)
- *la médiation pénale* qui constitue une mesure alternative aux poursuites pénales. Sur proposition du parquet (ou Ministère public) Ensemble des magistrats chargés de représenter les intérêts de la société et de veiller au respect de l'ordre public et à l'application de la loi. Le ministère public est hiérarchisé (procureur général, procureur de la République) et subordonné au garde des sceaux, elle réunit l'auteur et la victime Personne qui subit personnellement et directement un préjudice physique, moral ou matériel, du fait d'une infraction pénale. D'une infraction Action ou comportement interdit par la loi et passibles de sanctions pénales. On distingue trois catégories d'infraction selon la gravité et les peines encourues : les contraventions, les délits et les crimes. Pénale, en présence d'un tiers médiateur habilité par la justice, et consiste à trouver une solution librement

négociée et définir les modalités d'une réparation (Congo, Côte d'Ivoire, Mali, Cameroun).

La médiation est par nature consensuelle : elle ne peut se dérouler qu'avec l'accord des parties.

La médiation pénale a été introduite par la loi du 4 janvier 1993 : le procureur de la République peut ordonner le recours à la médiation ''s'il lui apparaît qu'elle est susceptible d'assurer la réparation du dommage causé à la victime, de mettre fin au trouble résultant de l'infraction et de contribuer au reclassement de l'auteur''. La médiation pénale nécessite trois conditions : une plainte déposée, une infraction pénale caractérisée, des parties identifiées. Elle est une alternative au procès ou au classement sans suite (Sénégal, Congo, Côte d'Ivoire, Mali, Cameroun).

Quant à la médiation civile, elle a été instaurée par la loi du 8 février 1995 et le décret du 22 juillet 1996. Ces textes disposent que le juge peut, en tout état de la procédure et après avoir recueilli l'accord des parties, ordonner une médiation confiée à une personne physique ou à une association.

Le recours à la médiation est encouragé par la Commission de l'Union Africaine et par l'Union Africaine, mais dix ans après l'adoption des premiers textes, les bilans statistiques montrent une faible utilisation de ce dispositif. Dans son rapport sur la politique pénale en 2004, la direction des Affaires criminelles et des Grâces constate que ''La médiation pénale reste stable (34865 en 2004 contre 34077 en 2003). Souvent utilisée dans les contentieux liés à des « conflits personnalisés », la médiation pénale, face à la diversité croissante des mesures dites de troisième voie, est jugée plus onéreuse voire moins performante dans sa réalisation et marquée par un taux d'échec non négligeable et des délais d'exécution plus conséquents''. De fait, la circulaire du 16 mars 2004 réserve son utilisation à des ''infractions commises à l'occasion d'une relation de proximité''. Parallèlement, la médiation familiale, bien qu'elle ait fait l'objet de dispositions spécifiques dans le code civil (exercice de l'autorité parentale, divorce), reste peu utilisée.[12]

[12] Infostat Justice, n°84, août 2005) montre que les juges aux affaires familiales ont eu recours, en 2003, aux mesures de médiation familiale dans 0,7% des affaires familiales avec enfants mineurs qu'ils ont eu à traiter.

CHAPITRE 3. LE COMPROMIS

Un compromis est un arrangement dans lequel deux (ou plusieurs) parties font des concessions mutuelles dans le but d'arriver à une collaboration, ou en vue d'obtenir une majorité dans un groupe. C'est le résultat d'une négociation entre les parties en présence où chacune aura fait des concessions pour arriver à une solution commune qu'elles devront conjointement exécuter.
Il peut être total (les participants ont vidé toutes les questions qu'ils souhaitaient traiter) ou partiel.
On peut le voir satisfaire tout le monde ou au contraire laisser des insatisfactions. Mais surtout, la qualité du compromis se mesurera à son caractère complet et non ambigu; si une des parties a cru comprendre une chose qu'une autre partie n'a pas incluse dans l'accord, le compromis, de solution qu'il devait être, devient source de problèmes. Par ailleurs, la façon dont les promesses seront tenues influera fortement sur la suite des événements. Le meilleur compromis ne vaut rien sans son exécution. Le terme compromis peut également désigner le résultat d'un choix entre plusieurs solutions dont aucune n'est totalement satisfaisante.

Section 1. Le compromis et la clause compromissoire

Le terme *compromis* désigne en son premier sens l'acte par lequel on donne pouvoir à des arbitres de juger des procès ou autres différends. Ainsi, en droit, le compromis est le contrat par lequel deux parties décident qu'un différend déjà établi sera tranché par des arbitres et non par les tribunaux. La clause compromissoire est la clause insérée dans un contrat qui prévoit que si un différend survient lors de l'exécution du contrat ce différend sera soumis à des arbitres et non pas aux tribunaux. La clause compromissoire doit prévoir comment seront nommés les arbitres. Autrement dit alors que le compromis est le contrat par lequel on soumet à des arbitres un différend déjà survenu, la clause compromissoire est la clause par laquelle on s'engage à soumettre à des arbitres un différend qui adviendra peut-être à l'avenir. Alors que le compromis peut être consenti par toute personne capable de s'engager dès lors que le différend est établi, la clause compromissoire est interdite en matière civile et permise en matière commerciale.
Le contrat que la pratique connaît sous le nom de compromis de vente n'est donc pas véritablement un compromis. C'est en fait une promesse synallagmatique (c'est-à-dire bilatérale) de vente. Comme les deux parties (l'acheteur et le vendeur) s'engagent toutes les deux, la vente est parfaite dès la signature de la promesse. L'adage dit: « promesse de vente vaut vente ».

Section 2. Le compromis de vente

L'achat ou la vente d'un logement passe toujours par la signature d'un compromis qui fixe l'accord du vendeur et de l'acheteur sur les conditions de la vente. Ensuite, le notaire va s'occuper des nombreuses formalités préalables à la signature de l'acte de vente. Puis, environ trois mois après avoir signé le compromis, l'acheteur et le vendeur se retrouvent pour signer cette fois un acte de vente définitif chez le notaire. Qu'est-ce qu'un compromis ? C'est ce qu'on appelle un « avant-contrat », une promesse faite par le vendeur de vendre son bien à l'acheteur, et une promesse faite par l'acheteur d'acheter son bien au vendeur. La signature du compromis permet de fixer leur accord sur le prix du bien vendu, les conditions générales et particulières auxquelles se fait la vente, et les conditions suspensives, ainsi que la date butoir à laquelle l'acte de vente doit être signé.
Le vendeur doit informer l'acheteur sur l'état du bien vendu en lui fournissant un dossier de diagnostics techniques, auquel s'ajoute, pour les lots de copropriété, avec la loi Alur entrée en vigueur le 27 mars 2014, une dizaine de documents permettant à l'acheteur de connaitre à la fois l'organisation de la copropriété et sa situation financière.

Section 3. Les documents à annexer au compromis de vente

Paragraphe 1. Le dossier de diagnostics techniques à annexer au compromis

Avant la vente, le vendeur fait appel à un diagnostiqueur afin de faire établir un dossier de diagnostics techniques. Il regroupe l'ensemble des différents diagnostics que doit faire établir le vendeur avant la vente par un diagnostiqueur professionnel. L'acheteur doit pouvoir consulter ce dossier avant de signer le compromis afin d'acheter en toute connaissance de cause. Au Congo, au Bénin et au Sénégal, le vendeur doit, en particulier, être en mesure de présenter le diagnostic de performance énergétique à l'acheteur au cours des visites afin qu'il connaisse le degré d'isolation thermique du bien et le montant des charges prévisionnelles de chauffage. Ce dossier est ensuite annexé au compromis de vente.
Le notaire demande également, et en particulier lorsqu'il s'agit de la vente d'une maison individuelle, un diagnostic assainissement qui fait partie intégrante du dossier de diagnostics techniques.

Paragraphe 2. Les documents pour la vente de lot de copropriété

Depuis le 27 mars 2014, la loi Alur impose au vendeur d'un appartement situé en copropriété, ou de tout autre lot, d'annexer au compromis de vente un ensemble de documents pour informer l'acheteur sur l'organisation et la situation financière de la copropriété (à demander au syndic pour la plupart). Certains ne sont à fournir qu'à partir d'une date ultérieure :

Paragraphe 3. Documents relatifs à l'organisation de l'immeuble

Ce sont :
- le règlement de copropriété et l'état descriptif de division : ce sont les documents qui recensent l'ensemble des lots d'un immeuble, indiquent la répartition de charges et prévoient l'ensemble des règles qui organisent la vie dans votre immeuble. Si ces documents ont été modifiés par des actes qui ont été publiés, il faut également les joindre ;
- les procès-verbaux des assemblées générales des trois dernières années, à condition que vous en disposiez ;
- la fiche synthétique de la copropriété établie par le syndic qui regroupe les données financières et techniques de l'immeuble : ce document sera à joindre à compter du 1er janvier 2017 pour les immeubles comportant plus de 200 lots, mais seulement à compter du 01/01/2018 pour les copropriétés de taille moyenne (entre 50 et 200 lots) et le 01/01/2019 pour les copropriétés de moins de 50 lots.

Paragraphe 4. Document relatif à l'état de l'immeuble

Le carnet d'entretien de l'immeuble établi par le syndic. C'est en quelque sorte le ''carnet de santé'' du bâtiment. Qui vous renseigne, par exemple, sur les dates auxquelles ont eu lieu les gros travaux de l'immeuble (ravalement des façades, réfection des toitures, remplacement de l'ascenseur, de la chaudière…), ainsi que sur l'identité du syndic en exercice (Guinée Bissau, Guinée Conakry, Tchad, Centrafrique).

Paragraphe 5. Documents relatifs à la situation financière de la copropriété et du vendeur

Ce sont :
- le montant des charges courantes du budget prévisionnel et des charges hors budget prévisionnel payées par le vendeur au cours des deux exercices comptables précédant la vente ;
- lorsque le syndicat des copropriétaires dispose d'un fonds de travaux, le montant de la part du fonds travaux rattachée au lot principal vendu et le montant de la dernière cotisation au fonds versée par le copropriétaire ;
- les sommes pouvant rester dues par le vendeur au syndicat des copropriétaires et les sommes qui seront dues au syndicat par l'acquéreur ;

- l'état global des impayés de charges au sein du syndicat et de la dette vis-à-vis des fournisseurs.
Ces deux derniers documents ne sont pas à fournir si votre bien est situé dans une petite copropriété de moins de 10 lots (logements, bureaux ou commerces), et dont le budget moyen des trois derniers exercices est inférieur à 15 000 €.

Paragraphe 6. Documents complémentaires

Ce sont :
- une attestation comportant la surface de la partie privative et de la surface habitable du lot ; cette attestation est à remettre à compter du 26 juin 2014 sous réserve d'ici là de la parution du décret redéfinissant ces surfaces ;
- une notice d'information relative aux droits et obligations des copropriétaires ainsi qu'au fonctionnement des instances de copropriété : à fournir dès qu'un arrêté aura fixé les modalités de cette notice ;
- le cas échéant, le diagnostic global et le plan pluriannuel de travaux.
Toutefois, si le règlement de copropriété, l'état descriptif de division ou le carnet d'entretien ne sont pas annexés à la promesse, l'acquéreur peut reconnaître ultérieurement les avoir reçus du notaire ou du vendeur. Néanmoins, si vous omettez d'annexer à la promesse de vente, les documents relatifs à l'organisation de l'immeuble, ceux relatifs à sa situation financière et l'attestation de superficie, le délai de rétractation de l'acheteur ne va commencer à courir qu'à compter du lendemain du jour où ces pièces lui seront communiquées (Congo, Cameroun, Gabon, RDC).

Section 4. Signer le compromis devant notaire ou pas ?

Nous vous conseillons de faire systématiquement appel à un notaire pour signer le compromis de vente. Bien qu'il ne soit pas illégal de le signer directement entre particuliers, la rédaction de ce document et la constitution du dossier relèvent de la compétence de ce professionnel. Nous vous conseillons par conséquent de prendre rendez-vous avec lui dès que vous vous serez mis d'accord avec le vendeur. En tant que professionnel du droit, il vous conseillera utilement, établira lui-même tous les actes et prendra soin d'y annexer tous les documents requis. De plus, si vous prévoyez un délai de plus de dix-huit mois entre le compromis de vente et l'acte de vente définitif, la signature doit impérativement se faire devant notaire. A défaut, le compromis ne serait pas valable (Congo, Guinée Bissau, Guinée Conakry, Cameroun, Centrafrique).

Paragraphe 1. Avantages à signer devant notaire

Lorsque vous signez le compromis devant notaire, c'est lui qui s'occupe de tout : rédaction de l'avant-contrat, vérification des pièces à annexer au contrat... et surtout, il est le garant de la validité de votre transaction sur le plan juridique. En tant que spécialiste, il peut vous conseiller pour la rédaction de conditions particulières, ou plus généralement sur la transaction.
La signature d'un compromis de vente chez notaire n'est pas soumise à des frais spécifiques. Les sommes qui peuvent être réclamées à l'acheteur le jour de la signature (environ 500 €) ne sont qu'une provision sur ce que ce dernier aura à payer le jour de la signature de l'acte authentique au moment de la vente définitive, environ deux à trois mois plus tard. Sachez également que si deux notaires (celui de l'acheteur et celui du vendeur) assistent à la signature du compromis, cela ne coûte pas plus cher, puisque la loi prévoit qu'en pareil cas, les deux notaires se partagent les frais à part égale.
Au Cameroun, Togo, Sénégal, Congo, l'usage veut que la priorité du choix du notaire revienne à l'acquéreur. Cependant, si, en tant que vendeur, vous souhaitez avoir votre propre notaire, vous le pouvez. Sachez que cela n'engendre pas de frais supplémentaires. Le montant des ''frais de notaires'' reste donc le même avec un ou deux notaires : ils partagent entre eux la part d'émoluments qui revient à chacun. La facture totale des frais de notaire reste dans tous les cas à régler uniquement par l'acheteur.

Paragraphe 2. Inconvénients à signer sans notaire

Même si la signature du compromis sans notaire est légale, nous vous la déconseillons pour plusieurs raisons. Le respect du formalisme et en particulier la liste des pièces à annexer au compromis méritent toute l'attention d'un professionnel, en particulier depuis que la loi Alur entrée en vigueur le 27 mars 2014. L'oubli ou l'omission de certaines mentions ou encore l'absence de certaines pièces qui doivent être annexées obligatoirement au compromis fragiliseraient la transaction. Or la loi Alur prévoit une longue liste de pièces complémentaires à joindre impérativement au compromis de vente d'un lot de copropriété, pour sa validité. En vous adressant d'emblée au notaire, vous optez pour la sécurité juridique : c'est lui qui va, non seulement rédiger l'acte mais aussi recenser toutes les pièces qui doivent servir à préparer la vente et dont la plupart sont à annexer au compromis de vente. L'absence de l'une d'entre elles oblige, par exemple, de faire courir un nouveau délai de rétractation pour l'acheteur. Le vendeur comme l'acheteur ont donc tous deux intérêts à recourir au notaire pour signer le compromis de vente. Cela sécurise leur transaction, puisqu'avec la loi Alur, cette étape devient l'étape clé de la vente où tout se joue. La signature de l'acte de vente quelques mois plus tard ne vient que confirmer le bon déroulement de la vente avec le paiement du prix par l'acheteur qui prend alors possession du bien (Côte d'Ivoire, Mali, Burkina Faso, Tchad).

Paragraphe 3. L'acte de vente : toujours signé devant notaire

La signature de l'acte de vente a lieu, quant à elle, toujours devant notaire. Pour l'ensemble de la transaction, vous pouvez faire appel au notaire de votre choix. Il est fréquent que l'acheteur et le vendeur choisissent chacun un notaire, d'autant que cela n'occasionne aucun coût supplémentaire. Les deux notaires se partagent leurs émoluments selon les règles de la profession (Congo, Gabon, Cameroun, Guinée Bissau, Centrafrique. Le compromis contient toujours des conditions suspensives de la vente, c'est-à-dire que la vente n'a lieu que si les conditions inscrites dans le compromis se réalisent. C'est le cas, en particulier, lorsque l'acheteur achète à crédit ; il dispose dans ce cas d'une condition suspensive d'obtention de crédit.

CHAPITRE 4. LA TRANSACTION EN DROIT FRANÇAIS

En droit civil français, la transaction est un contrat conclu entre deux et plusieurs personnes pour terminer une contestation née, ou prévenir une contestation à naître, en aménageant des concessions réciproques. Régie par les articles 2044 à 2058 du Code civil, la transaction constitue l'un des modes alternatifs de règlement des conflits (MARC) en procédure civile. La conclusion d'un tel contrat peut intervenir avant ou en cours d'instance, et produit des effets comparables à ceux d'une décision juridictionnelle.

Section 1. Les recours en matière de transaction

Les transactions ne peuvent être attaquées que pour certaines raisons limitativement énumérées par les articles 2052 et 2053 du Code civil :
- erreur dans la personne ;
- erreur sur l'objet de la contestation ;
- dol ;
- violence.

Elles ne peuvent être attaquées pour cause d'erreur de droit, ni pour cause de lésion.

Section 2. Les effets d'une transaction

La transaction revêt entre les parties l'autorité de chose jugée en dernier ressort, et éteint l'instance en cours à titre accessoire. L'autorité de chose jugée attachée à la transaction est limitée à l'objet du contrat (Mali, Bénin, Cameroun, Gabon, Congo). La transaction est dépourvue des caractères de la décision juridictionnelle, et sa force exécutoire est limitée à l'effet obligatoire des contrats. Le juge peut donc « homologuer la transaction » pour conférer force exécutoire au contrat, qu'il s'agisse d'une transaction intervenue dans le cadre d'un procès, ou d'une transaction extrajudiciaire. La transaction est définie par l'article 2044 du Code civil comme « un contrat par lequel les parties terminent une contestation née, ou préviennent une contestation à naître ».

La transaction peut aussi bien intervenir pour mettre fin à une procédure en cours que pour éviter les suites d'un litige naissant. Elle implique que chacune des parties puisse faire valoir à l'égard de l'autre une prétention, c'est-à-dire qu'elles soient engagées dans un rapport d'obligations réciproques qui permette à chacune de faire des concessions, formalisées dans un acte écrit et signé qui mettra fin au litige (Sénégal, Côte d'Ivoire, Niger, Togo).

La transaction constitue en quelque sorte une justice privée, qui fait toutefois l'objet d'une reconnaissance officielle par l'institution judiciaire : le Code civil confère à l'accord entre signataires l'autorité de la chose jugée en dernier ressort, ce qui signifie que l'affaire est définitivement réglée par la

transaction et qu'il n'est plus possible de venir la contester devant un tribunal. De plus, l'une des parties peut demander au président du TGI d'entériner la transaction afin de lui donner force exécutoire (Guinée Bissau, Guinée Conakry, Tchad).
Le recours à la transaction est aujourd'hui fréquent dans les domaines des assurances, du droit des affaires ou du droit du travail, où l'on apprécie la discrétion garantie par ces négociations secrètes permettant en cas de conflit de parvenir à un accord privé. Afin de favoriser les modes alternatifs de règlement des litiges, la loi du 22 décembre 2010 a créé une « convention de procédure participative »[13] qui s'apparente à la transaction. Il s'agit d'une forme de négociation assistée par avocat et dotée d'effets juridiques étendus. Néanmoins, la transaction impliquant une renonciation, l'ordre public interdit que les parties règlent à leur guise certains litiges, par exemple en matière pénale, ou dans le domaine de l'état des personnes (Congo, Cameroun, Bénin, Centrafrique).

Section 3. Transaction juridique

La transaction est un contrat permettant de mettre fin à une contestation née, ou de prévenir une contestation à naître. C'est un contrat civil régi :
- en droit français par le Code civil français, au livre III, titre XV[14],
- en droit belge par le Code civil belge[15],
- en droit québécois par le Code civil du Québec[16],
- en droit anglo-saxon et dans les pays de cammon law, la pratique de l'accord de règlement négocié (le settlement) dépend du droit civil.

La transaction résulte d'une volonté de transiger des parties. Cela suppose au départ d'un litige, auquel les parties souhaitent mettre un terme de façon amiable, sans passer devant une juridiction d'État. À ces deux conditions légales (d'une part litige né ou à naître et d'autre part volonté d'y mettre fin), la jurisprudence a ajouté une troisième condition : des concessions réciproques des parties à la transaction. La faculté de transiger peut aussi être prévenue dans le contrat initial, pour des raisons de confidentialité, notamment en matière commerciale. La transaction ne peut être remise en cause. On peut néanmoins en demander la nullité en attaquant ses conditions de formation.
Pour des raisons de preuve, la transaction doit être écrite, et signée des parties.
Exemple de transaction :
- X achète une voiture auprès du concessionnaire Y.

[13] Art. 2062 du Code civil.
[14] Articles 2044 à 2058.
[15] Article 2044.
[16] Articles 2631 à 2637.

- Quand X prend possession de la voiture, il s'aperçoit qu'elle n'est pas dotée de jantes aluminium.
- X se plaint et menace d'une action en justice.
- Y fait un geste commercial, en donnant un autoradio lecteur MP3.
- X est d'accord, il repart avec la voiture et l'autoradio.
- X renonce donc à son action en justice sur ce fondement.

Juridiquement, il s'agit d'une transaction, qu'aucune partie ne pourra remettre en cause devant un tribunal. Toutefois, une action sur un autre fondement sera néanmoins envisageable: le droit d'agir est d'ordre public; on ne peut donc y déroger, même par contrat.

Section 4. Utilisation en droit du travail

Paragraphe 1. Conditions d'utilisation

La transaction est fréquemment utilisée en droit du travail, le plus souvent pour régler les conséquences financières de la rupture du contrat de travail. L'intérêt de la transaction est d'éviter les procédures judiciaires auprès des conseils de prud'hommes et d'accélérer l'indemnisation. En pratique, le salarié reçoit, en plus des indemnités légales, une indemnité de transaction calculée en fonction du salaire, de la durée de présence dans l'entreprise, et de la négociation. La transaction peut être utilisée pour masquer des licenciements abusifs ou sans cause, ou pour sous-indemniser le salarié.

La transaction ne peut être conclue qu'une fois que la rupture du contrat de travail est devenue définitive. Ce point n'est acquis que depuis un arrêt de la cour de cassation du 29 mai 1996.[17] La chambre sociale de la Cour de cassation l'a encore rappelé dans son arrêt no 11-15471 du 5 décembre 2012 : ''attendu cependant qu'une transaction ne peut avoir pour objet de mettre fin au contrat de travail''.

Paragraphe 2. Conditions de validité

Conditions générales de validité des conventions :
- on doit avoir la capacité de disposer des objets compris dans la transaction ;
- l'objet de la transaction doit être licite (on ne peut pas transiger sur l'ordre public) ;
- l'objet de la transaction doit être certain, bien qu'il puisse porter sur un litige futur ;
- la transaction doit respecter les conditions relatives au consentement[18],
- le consentement doit être exempt de vices.[19] La transaction peut être rescindée lorsqu'il y a erreur sur la personne ou l'objet, et dans les cas de dol ou de violence.

---

[17] Bull civ V n°215.

[18] Articles 1109 à 1122 du Code civil français.

La transaction est soumise à des conditions spécifiques :
- si la transaction masque un faux licenciement ou un motif inexistant, elle est nulle ;
- il doit y avoir concession réciproque, ou les concessions ne doivent pas être dérisoires ;
- la rupture du contrat de travail doit être définitive lorsque la transaction est conclue.

Section 5. La contestation de la transaction

La transaction est un contrat dont la validité peut être contestée par l'une des parties, sur le fondement de l'action judiciaire en nullité.

Paragraphe 1. Les juridictions compétentes

La juridiction compétente pour connaître de l'action en nullité dépend de la matière de la transaction. La nullité d'un contrat étant rétroactive, les parties reviennent dans la situation antérieure à la conclusion de la transaction. Dès lors, la compétence du juge s'apprécie au regard de la situation des parties antérieure des parties. Ainsi, le Conseil des prud'hommes sera compétent pour apprécier la nullité d'une transaction conclue entre un employeur et son ancien salarié pour la rupture d'un contrat de travail.

Paragraphe 2. Les causes de nullité d'une transaction

Au Cameroun, Bénin, Congo, Sénégal, la nullité d'une transaction ne s'apprécie pas par application de la théorie générale des contrats, mais au regard des cas de rescision prévus par les articles 2052 et 2053 du Code civil. La finalité de la transaction, à savoir le règlement définitif d'un litige, tend à consolider la force obligatoire de ce contrat spécial en limitant les cas de nullité. Ainsi, l'article 2052 interdit l'action en nullité fondée sur l'erreur de droit ou le caractère lésionnaire de la transaction, tandis que l'article 2053 ouvre l'action en nullité d'une transaction sur le fondement de l'erreur sur la personne ou l'objet de la transaction, ou encore la violence et le dol.

Paragraphe 3. Les causes de nullité exclues

Une partie ne peut obtenir la rescision de la transaction en alléguant d'une erreur de droit au moment de la conclusion de la transaction. La rescision est donc exclue en matière d'erreur sur les droits subjectifs d'une partie, ou sur l'état du droit positif. Toutefois, la jurisprudence de la chambre sociale de la Cour de cassation tend à réduire la frontière entre l'erreur de droit (exclue) et l'erreur sur l'objet (admise). Par ailleurs, le caractère lésionnaire d'une

[19] Article 2053.

transaction, à savoir le déséquilibre entre les concessions des parties, ne peut fonder une action en nullité de ce contrat.

Paragraphe 4. Les causes de nullité admises

L'article 2053 admet l'action en rescision d'une transaction pour cause de violence, y compris la violence économique. Par ailleurs, l'article 2053 admet la nullité d'une transaction sur le fondement de l'erreur sur l'objet, difficile à distinguer de l'erreur de droit. Or, la chambre sociale de la Cour de cassation considère qu'en matière de transaction consécutive à la rupture d'un contrat de travail, l'erreur du salarié sur l'étendue de ses droits à indemnisation (en l'espèce, la nature et le montant des indemnités de rupture) s'analyse comme une erreur fondée sur l'objet de la transaction (Guinée Bissau, Guinée Conakry, Congo, Bénin, Centrafrique).

En dehors de tout contentieux engagé et même à tout moment de la procédure prud'homale, y compris en appel, il est possible de concilier : pourquoi s'en priver ? Cette conciliation se matérialise par la signature d'une transaction.
Une transaction impose des concessions réciproques aux parties : c'est une négociation et en principe, la présence d'un avocat n'est pas nécessaire, mais, si vous envisagez une transaction sans enregistrement, nous vous conseillons de prendre un avocat. Vous pouvez faire enregistrer votre transaction par les prud'hommes ou en Cour d'appel lesquels sont tenus de s'assurer que les deux parties (employeur et salarié) sont bien informées de leurs droits et qu'ils y ont renoncés pour partie en toute connaissance de cause et dans des proportions équilibrées. Les questions que l'on se pose ordinairement sont les suivantes :
1) Quelle est la différence entre la rupture conventionnelle et la transaction ?
2) Quelle est la procédure applicable pour la transaction ?
3) Quelles sont les indemnités qui peuvent être obtenues ?
4) Le salarié peut-il bénéficier de l'indemnisation du chômage ?
5) L'accord peut-il être remis en cause après signature ?

Section 6. Quelle est la différence entre la rupture conventionnelle et la transaction ?

La rupture conventionnelle, organise d'un commun accord entre les parties les conditions de cessation de leurs relations professionnelles. Ce qui veut dire que quand une rupture conventionnelle est ''contrainte'', elle est nulle et de nul effet. La transaction a pour objet de mettre fin à un litige résultant de la rupture du contrat de travail antérieure, elle ne peut être valablement conclue qu'une fois la rupture intervenue et définitive : par exemple on fait une transaction quand on a été licencié pour faute grave alors que seule une cause réelle et sérieuse de licenciement ouvrant droit à toutes les indemnités de fin de contrat aurait dû être invoquée. C'est la raison pour laquelle la transaction peut intervenir en cours de procédure contentieuse devant le conseil de prud'hommes et même en appel. La transaction une fois que vous l'avez signée, vous interdit sauf cas exceptionnels de revenir devant le conseil des prud'hommes puisque par définition elle met fin au litige (Côte d'Ivoire, Sénégal, Cameroun, Congo).

Section 7. Quelle est la procédure applicable pour la transaction ?

Pour être valable, la transaction doit comporter des concessions réciproques de la part de l'employeur et du salarié. C'est une négociation qui résulte d'un rapport de force.
L'écrit ne constitue pas une condition de validité de la transaction. Il est toutefois recommandé.
Pour apporter la preuve qu'une transaction a bien été conclue, il faut établir l'existence d'une contestation, l'intention de transiger et l'existence de concessions réciproques (Congo, Bénin, Tchad, Mali).

Section 8. Quelles sont les indemnités qui peuvent être obtenues ?

Le salarié peut obtenir :
- l'indemnité compensatrice de préavis le cas échéant avec dispense d'exécuter le préavis ;
- l'indemnité compensatrice de congés payés pour les CDI, ou indemnité compensatrice de congés payés en contrat à durée déterminée ;
- l'indemnité compensatrice de repos compensateur ;
- l'indemnité de non concurrence ;
- l'indemnité de précarité en fin de contrat à durée déterminée ;
- l'indemnité de départ à la retraite à l'initiative du salarié ;
- l'indemnité légale de licenciement ou l'indemnité conventionnelle de licenciement fixée par la convention collective de branche ou l'accord professionnel dont dépend votre légale de licenciement économique ou de départ volontaire versée dans le cadre d'un plan social (à voir en fonction de chaque plan social) ;
- l'indemnité due en cas de procédure irrégulière de licenciement pour la transaction, l'indemnité pour licenciement sans cause réelle et sérieuse pour la transaction, des dommages et intérêts spécifiques à négocier au cas par cas. Le régime fiscal de toutes ces indemnités devra avoir été contrôlé (d'autant que les règles risquent de changer d'ici peu).

Section 9. Le salarié peut-il bénéficier de l'indemnisation du chômage ?

La transaction intervenant après une rupture du contrat de travail ne devrait pas avoir d'incidence sur les l'indemnisation du chômage. Cependant pour bénéficier des allocations d'assurance-chômage, le salarié doit avoir été privé d'emploi. Si la transaction fait suite à une démission, le salarié risque de se voir refuser le droit à l'indemnisation de son chômage. Toutefois pourront être admise les démissions légitimes prévues par Pôle Emploi, comme le fait de démissionner pour rejoindre son conjoint. La prise d'acte de faits fautifs de l'employeur aussi à condition qu'elle ait été reconnue valide par un conseil des prud'hommes. (RDC, Mali, Niger, Togo, Congo)

Section 10. L'accord peut-il être remis en cause après signature ?

L'accord est la ''loi'' des parties
- l'accord ne peut être unilatéralement dénoncé. Toutefois, il peut faire l'objet d'une action en résolution devant le conseil de prud'hommes, ce qui a pour effet de restituer au demandeur les droits auxquels il a renoncé aux termes de l'accord ;
- les parties doivent exécuter ce à quoi elles se sont engagées (versement d'indemnités, obligation de non-concurrence...).

Ces obligations peuvent être sanctionnées au moyen d'une clause pénale insérée dans l'accord

S'il est respecté, l'accord éteint définitivement les contestations qui en font l'objet.

Attention : Nous sommes dans le flou car sous l'empire de jurisprudences contradictoires seul le salarié peut invoquer la nullité d'une transaction irrégulière : Le 28/05/2002 La Cour de Cassation a opéré un revirement de jurisprudence en déboutant l'employeur de sa demande en nullité d'une transaction irrégulière. Dans un arrêt du 28 mai 2002, la Cour estime sur le fondement des articles 2044 du Code civil et L122-14-7 du Code du travail ''que la nullité d'une transaction résultant de ce qu'elle a été conclue avant la notification du licenciement est une nullité relative instituée dans l'intérêt du salarié, qui ne peut, dès lors, être invoquée par l'employeur''.

Par cette décision, la Cour se positionne en faveur du salarié qui estimait que la convention conclue, même au mépris des dispositions légales en sa faveur, lui était plus favorable que la procédure légale. L'employeur ne peut donc plus se prévaloir d'une irrégularité qu'il a lui-même générée pour faire marche arrière, lorsqu'il se rend que la convention qu'il a conclue lui est défavorable. Désormais seul le salarié peut se prévaloir de la nullité d'une convention passée au mépris de la législation du travail protectrice de ses droits et intérêts.

Quelle était la jurisprudence antérieure ? La Cour admettait jusqu'à présent, sur les mêmes fondements textuels, que ''la nullité d'une transaction (intervenue en méconnaissance de la législation protectrice du salarié) pouvait être invoquée par l'une ou l'autre partie''. C'est à dire aussi bien par le salarié que par l'employeur car elle considérait cette nullité comme absolue. Retour à l'ancienne jurisprudence : le 18/2/20003 par pourvoi 00-42.948 nous revenons à la jurisprudence antérieure.

Section 11. La transaction ou rupture négociée : définition et caractéristiques

La transaction permet de prévenir ou de mettre fin à une contestation entre l'employeur et le salarié. C'est une manière de régler un litige à l'amiable. La transaction se réalise le plus souvent lors d'un contentieux sur la rupture du contrat de travail. Pour l'entreprise, la transaction est le moyen de se prémunir contre un procès devant le Conseil de prud'hommes. Pour le salarié, elle est une compensation financière consécutive au renoncement d'une action en justice (Guinée Bissau, Guinée Conakry, Centrafrique, Congo).

Section 12. Un règlement à l'amiable

La transaction est un contrat qui permet de résoudre un litige, actuel ou à venir, afin d'éviter un contentieux devant le tribunal (conseil de prud'hommes). Le code civil (article 2044) en donne une définition précise : « La transaction est un contrat par lequel les parties terminent une contestation née ou préviennent une contestation à naître ». Elle est principalement utilisée, en droit du travail, dans le cadre de litiges relatifs à la rupture du contrat de travail comme le licenciement ou la démission. Elle peut également faire suite à une rupture conventionnelle homologuée, sous certaines conditions. Les salariés occupant des fonctions représentatives du personnel (membre du comité d'entreprise, délégué du personnel…) peuvent eux aussi bénéficier d'une transaction. En revanche, ils ne peuvent pas renoncer aux dispositions relatives à leur statut protecteur exorbitant du droit commun (Congo, Cameroun, Gabon, Tchad).

Section 13. La rédaction d'un contrat

La transaction est un contrat qui doit être rédigé par écrit. L'écrit est requis à titre de preuve, il ne s'agit pas d'une condition de validité de la transaction. La preuve de l'existence de la transaction et de son contenu peut également être rapportée par ce qu'on appelle un commencement de preuve par écrit. Il s'agit alors de chèques, de courriers de tous documents de manière générale, émanant de la personne à qui on l'oppose. Cette preuve peut également être rapportée par présomption ou par témoin. En raison des difficultés liées à ces modes de preuve, il est vivement conseillé d'établir un acte écrit, précisant qu'il s'agit d'une transaction, en de précisant son cadre et en détaillant les termes de l'accord entre les parties (RDC, Gabon, Congo, Cameroun).

Les conditions de validité de la transaction. Il existe plusieurs conditions de validité d'une transaction :
- l'existence d'un litige né ou à naître ;
- les parties doivent vouloir mettre fin à un différend en toute connaissance de cause ;
- des concessions réciproques réelles doivent être faites.

Dans l'éventualité d'un licenciement ou d'une démission, la transaction ne peut être accomplie que lorsque les relations de travail ont pris fin car elle règle les conséquences de la rupture.

Dans le cas du licenciement, elle doit être conclue après la réception de la lettre recommandée de licenciement, une fois que le salarié a eu connaissance effective des motifs du licenciement. Dans le cas d'une démission, elle doit être conclue après sa notification à l'employeur.

Section 14. Cas de contestation

La transaction peut être annulée, quand l'une des conditions de validité n'est pas respectée ou lors d'un vice de consentement. Elle peut l'être dans tous les cas où il y a dol ou violence. Elle peut faire également l'objet d'une contestation en cas d'inobservation par l'employeur ou le salarié des obligations qui y sont inscrites. En cas d'annulation de la transaction, le salarié est libéré de son obligation, mais doit restituer l'indemnité transactionnelle versée. En revanche, s'il s'avère que le licenciement est immoral, le salarié n'est pas tenu de restituer lesdites sommes. Retrouvez ici notre modèle de transaction prêt à l'emploi et personnalisable, Mali, Burkina Faso, Congo, Bénin).

1. Définition de la transaction

La transaction est un contrat écrit, permettant de terminer une contestation née ou de prévenir une contestation à naître.[20] Il y a lieu de la distinguer de la conciliation, de la médiation ou de l'arbitrage. La conciliation et la médiation sont des procédures de règlement amiable d'un différend, avant qu'une procédure juridictionnelle ne soit entamée ou menée à son terme. Ces procédures peuvent se conclure, en cas de succès, par une transaction, mais l'accord des parties peut prendre toute forme qu'elles souhaitent. L'arbitrage est un mode juridictionnel de règlement des conflits. Il consiste à faire juger le litige par un ou des arbitres choisis par les parties, qui statuent selon les règles fixées par ces dernières et rendent une sentence arbitrale qui s'impose

[20] Art. 2044 du code civil.

à elles. Les personnes publiques ne peuvent, en principe, recourir à l'arbitrage, sauf dans les cas mentionnés à l'article L. 311-6 du code de justice administrative. Le contrat international est l'exception la plus notable. La faculté de transiger a été reconnue à l'Etat par le juge administratif.[21]

Section 15. Droit applicable aux transactions conclues par des personnes publiques

Le contrat de transaction relève de la compétence du juge qui aurait été compétent pour statuer sur le litige au fond, s'il avait été porté devant un tribunal.[22] Les transactions qui ont pour objet le règlement ou la prévention de litiges pour le jugement desquels le juge administratif sera compétent sont donc des contrats administratifs.

Tel est le cas, par exemple :

- des transactions relatives à des marchés de travaux publics ;
- des transactions relatives aux conséquences d'un dommage de travaux publics.
- les règles énoncées par le juge administratif en matière de transaction s'inspirent des dispositions du droit privé (pour un exemple concernant une transaction en matière fiscale.
- il peut néanmoins adopter des solutions particulières. Celles-ci sont précisées dans les développements qui suivent.

Section 16. Conditions de validité de la transaction

Les parties au contrat doivent avoir la capacité de transiger l'article 2045 du code civil dispose que « pour transiger, il faut avoir la capacité de disposer des objets compris dans la transaction ».

Paragraphe 1. Sur la capacité du cocontractant

Lorsque l'administration a affaire à une personne morale, elle doit vérifier si le représentant de celle-ci détient le pouvoir de transiger. Elle doit demander la production des statuts et, si ceux-ci confient à un organisme collégial la compétence en matière de transaction, la délibération habilitant le mandataire social à négocier et à conclure la transaction.

S'il s'agit d'une société faisant l'objet d'une procédure collective, les règles suivantes sont applicables :

- en cas de redressement judiciaire, l'autorisation du juge commissaire en charge de la procédure collective est nécessaire pour transiger ;

---

[21] CE 23 décembre 1887 de Dreux-Brézé, évêque de Moulins, Rec. p. 842 ; CE 17 mars 1893, Compagnie du Nord, de l'Est et autres, Rec., p. 245.

[22] TC, 18 juin 2007, société Briançon Bus, Rec. p. 600.

- en cas de liquidation, le mandataire-liquidateur a seul compétence pour transiger, à condition d'y avoir été autorisé par le juge commissaire.
Lorsqu'une transaction est conclue avec un avocat ou le représentant d'une partie pour mettre fin à un litige pendant devant une juridiction, il y a lieu de distinguer deux situations :
- si la procédure en cours concerne une juridiction de l'ordre judiciaire, le mandat de représentation en justice défini par l'article 417 du code de procédure civile est réputé permettre à celui-ci de proposer ou d'accepter des offres ;
- si la procédure intervient devant le juge administratif, l'avocat ne peut, en revanche, transiger qu'en vertu d'un mandat exprès.[23] En effet, l'article R. 431-1 du code de justice administrative ne donne mandat général de représentation que pour les actes de procédure.
Lorsque la transaction implique une personne incapable mineure ou majeure, les règles édictées par le code civil[24] doivent être respectées, à peine de nullité de l'acte.

Section 17. Sur les autorités administratives habilitées à transiger

Paragraphe 1. L'Etat

Chaque ministre est compétent pour transiger au nom de l'Etat dans les matières qui relèvent de son département.[25] Il en résulte que les directeurs d'administration centrale sont habilités à conclure des transactions au nom de leur ministre, dans les limites de leurs attributions. Cette autorisation découle de la délégation générale de signature dont ils bénéficient, sur le fondement du décret n° 2005-850 du 27 juillet 2005 relatif aux délégations de signature des membres du Gouvernement. En ce qui concerne les services déconcentrés de l'Etat, pour lesquels le décret du 27 juillet 2005 n'est pas applicable, la faculté de transiger n'est ouverte que si leurs responsables bénéficient d'une délégation du préfet à cet effet. Sont notamment compétents pour signer une transaction en matière de commande publique les services de l'Etat qui l'étaient pour signer le contrat. Enfin, certains textes donnent compétence à des autorités particulières pour transiger dans certaines matières : ainsi, par exemple, les autorités douanières, sur le fondement de l'article 350 du code des douanes, les autorités fiscales sur le fondement de l'article L. 247-3 du livre des procédures fiscales ou l'Etat agissant en qualité d'assureur ou d'organisme social dans le cadre des accidents de la circulation, en application de la loi Badinter du 5 juillet 1985 et des articles L. 211-8 et suivants du Code des assurances. Ces procédures particulières ne sont pas traitées dans la présente circulaire.

---

[23] CE section, 5 janvier 1966, sieur Hawezack, Rec. p. 6.
[24] Art. 389 et suivants pour les mineurs ; art. 414 et suivants pour les majeurs.
[25] CE, 14 décembre 1998, chambre d'agriculture de La Réunion, Rec. p. 729.

L'agent judiciaire du Trésor est seul compétent, sur le fondement de l'article 38 de la loi du 3 avril 1955, pour transiger au cours d'une procédure contentieuse devant une juridiction de l'ordre judiciaire, hors les matières fiscales, douanières, domaniales ou d'expropriation pour cause d'utilité publique, dès lors qu'une demande pécuniaire a été formulée contre l'Etat. Cependant, sur le fondement des articles 4 et 5 du décret n° 92-1369 du 29 décembre 1992, lorsque l'Etat est titulaire d'une créance à recouvrer visée à l'article 80 du décret du 29 décembre 1962, c'est-à-dire hors les matières fiscales, domaniales, les amendes et les condamnations pécuniaires, pour laquelle un titre de perception a été émis, la procédure transactionnelle s'effectue de la manière suivante :

- le comptable public est compétent pour transiger lorsque le montant de la créance ne dépasse pas 76 000 EUR ;
- l'agent judiciaire du Trésor est seul compétent pour les créances supérieures à 76 000 EUR.

Paragraphe 2. Les établissements publics de l'Etat

Les dispositions de l'article 2045 du Code civil n'autorisent les établissements publics de l'Etat à transiger, en principe, qu'avec l'autorisation du Premier ministre.[26]
Néanmoins, la plupart des établissements publics sont désormais autorisés par leur statut, pris par décret, à transiger. Ce n'est que dans le silence des statuts qu'un décret du Premier ministre doit autoriser, au cas par cas, la signature de la transaction envisagée par l'établissement public.[27]

Paragraphe 3. Les collectivités territoriales et leurs établissements publics

Les collectivités territoriales et les établissements publics locaux peuvent transiger librement depuis la loi du 2 mars 1982 relative aux droits et libertés des communes, des départements et des régions.[28] Lorsqu'a été conclu un marché public d'assurance, cette liberté peut, en pratique, être limitée pour les collectivités territoriales qui, ayant souscrit une assurance de responsabilité, ne peuvent recourir à la transaction lorsque l'assureur a stipulé qu'aucune reconnaissance de responsabilité ou transaction intervenue en dehors de lui ne lui était opposable.
La signature d'une transaction nécessite, en principe, l'autorisation préalable de l'organe délibérant. Les règles propres à certains organismes publics autorisent, cependant, l'organe délibérant à accorder une délégation de compétence à l'autorité exécutive pour la conclusion de transaction. Cette

---

[26] CE, 14 décembre 1998, chambre d'agriculture de La Réunion, Rec. p. 729.
[27] CE, 23 avril 2001, Ceccaldi-Raynaud, n° 215552.
[28] CE, section des travaux publics, avis n° 359996, 21 janvier 1997 : EDCE 1998, p. 184.

délégation peut être limitée à certains domaines ou plafonnée à certains montants. En l'absence de délégation, une délibération préalable de l'organe délibérant est nécessaire pour autoriser la signature de chaque contrat. L'organe délibérant doit se prononcer sur « tous les éléments essentiels du contrat à intervenir, au nombre desquels figurent, notamment, la contestation précise que la transaction a pour objet de prévenir ou de terminer et les concessions réciproques que les parties se consentent à cette fin ».[29] Toutefois, la jurisprudence n'exige pas que l'organe délibérant examine le texte même du contrat de transaction avant d'accorder son autorisation.
La signature de la transaction par l'exécutif de la collectivité territoriale ou de l'établissement public ne peut intervenir avant que la délibération de l'organe délibérant qui l'autorise, lorsqu'elle est requise, n'ait acquis un caractère exécutoire. Cela implique, pour les collectivités et établissements soumis au contrôle de légalité, que cette délibération ait été réceptionnée par les services préfectoraux. La signature de la transaction avant cette transmission n'entraîne plus, cependant, depuis la décision du Conseil d'Etat, Ass., 28 décembre 2009, commune de Béziers, n° 304802, la nullité du contrat.

Section 18. L'objet de la transaction doit être licite

L'article 6 du Code civil dispose que l'on ne peut déroger par des conventions particulières aux lois qui intéressent l'ordre public et les bonnes mœurs. Cette règle, applicable à tous les contrats et donc aux transactions, revêt une importance particulière lorsqu'elle s'applique aux personnes publiques.
Les règles relatives à l'organisation de l'Etat, des services publics et des établissements publics sont d'ordre public et ne peuvent donner lieu à transaction. L'administration ne peut pas, par voie transactionnelle, renoncer à une compétence. Elle ne peut davantage faire, par voie de transaction, des actions qui lui sont interdites par la loi, comme par exemple :
- aliéner une parcelle du domaine public [30] ;
- procéder à la délimitation du domaine public[31] ;
- déterminer l'étendue de ses pouvoirs de police[32] ;
- renoncer au paiement des intérêts moratoires exigibles.[33]

Plus généralement, les questions de légalité sont hors du champ de la transaction. Ainsi l'administration ne peut pas transiger, en accordant une compensation financière pour permettre le maintien d'une décision illégale.

[29] CE, 11 septembre 2006, commune de Théoule-sur-Mer, Rec., p. 395.
[30] Cass. Req., 7 novembre 1892, veuve Dessales c. Veillas et Chamussy, Dalloz 1893 I, p. 61.
[31] CE 20 juin 1975, Leverrier, p. 382.
[32] Cons. de préf., de Lille, 18 mai 1953, maire de Mouveaux contre Lagache, Dalloz 1953, p. 470.
[33] CE 15 avril 1869, section de Saint-Lovand, S.1869. 2. 95.

Elle peut, en revanche, transiger pour indemniser le préjudice né d'une décision illégale, qui aurait, par ailleurs, été abrogée ou retirée. En principe, une collectivité publique ne peut pas transiger sur les effets de la chose jugée.
Le juge judiciaire fait, cependant, de ce principe une application assez souple. Sauf lorsqu'une décision de justice statue sur des droits qui échappent à la libre disposition des parties (par exemple, les matières relatives à l'état des personnes), il considère que l'autorité de la chose jugée est une règle d'intérêt privé. Il est donc possible de transiger après un jugement, et notamment pour régler les difficultés d'exécution qu'on a pu rencontrer. En matière administrative, les parties ne peuvent pas remettre en cause les décisions rendues en excès de pouvoir.[34]
Il a ensuite admis que des parties ayant conclu une convention par laquelle elles ont décidé d'abandonner la voie judiciaire et de soumettre leur différend à la juridiction administrative puissent avoir ainsi renoncé d'un commun accord à se prévaloir de la chose jugée résultant du jugement du tribunal de grande instance.[35] Par une décision rendue en assemblée le 11 juillet 2008, société Krupp Hazemag, Rec. p. 273, le Conseil d'Etat a reconnu la validité d'une transaction conclue après l'arrêt d'une cour administrative d'appel, alors qu'était pendant un pourvoi en cassation.

Section 19. La transaction doit prévenir ou terminer une contestation effective

Une transaction ne peut intervenir que pour régler un différend né ou à naître. Elle n'a pas pour objet de résoudre des questions hypothétiques ou de réduire des incertitudes. Le recours à la transaction est, cependant, envisageable même en l'absence de différend sur l'évaluation du dommage faisant l'objet du litige. La circonstance qu'il y a accord entre l'administration et le requérant sur le montant du dommage n'a pas fait disparaître, en effet, la cause du litige qui peut tenir à l'illégalité commise par l'administration. Tel peut être le cas d'un préjudice né pour le propriétaire d'un défaut d'octroi du concours de la force publique pour faire exécuter un jugement d'expulsion. Dans cette hypothèse, la transaction par laquelle l'administration reconnaît l'existence du préjudice et en répare entièrement le montant prévient bien un différend au sens de l'article 2044 du code civil.

---

[34] CE, section, 13 juillet 1967, ministre de l'éducation nationale c. école privée de filles de Pradelles, Rec. p. 339). Mais en plein contentieux, le principe est inverse. Le Conseil d'Etat a admis assez tôt une transaction portant sur les dépens d'une instance (25 février 1921, Larminier, Rec. p. 239.
[35] CE, 26 juin 1974, société La Maison des isolants-France, Rec. p. 365.

Section 20. Des concessions réciproques doivent être consenties

Une transaction doit comporter des concessions réciproques. La jurisprudence du juge judiciaire et du juge administratif, en ce sens, est constante. La Cour de cassation, notamment en matière sociale, exerce un contrôle croissant sur la réalité des concessions. Elle en apprécie la teneur à la date de la signature de l'acte[36] ; cette évaluation est faite indépendamment de la qualification qui leur a été donnée par les parties[37] qui pourrait les avoir minimisées ou, au contraire, surestimées.

Ces concessions ne doivent pas nécessairement être d'ampleur équivalente. Elles doivent, toutefois, représenter un sacrifice réel et appréciable pour chacune des parties.[38] Une transaction dans laquelle une seule des parties consentirait à abandonner unilatéralement toutes ses prétentions constituerait une libéralité. Le juge administratif vérifie la réciprocité et l'équilibre des concessions[39] et sanctionne les transactions ne comportant manifestement pas d'équilibre dans les concessions réciproques des parties.[40] Il donne, cependant, aux parties, comme le juge judiciaire, une marge de manœuvre importante dans l'élaboration d'un compromis. Les engagements ne doivent pas nécessairement être équivalents et peuvent ne pas être de même nature.[41] Une partie peut renoncer à la réparation indemnitaire accordée par le juge contre l'engagement de l'autre partie d'accomplir elle-même les travaux que cette indemnité devait financer.[42] La règle des concessions réciproques ne signifie pas que la personne publique doit exiger de son cocontractant qu'il renonce à une partie de l'indemnisation qui lui est due, si le montant du dommage n'est pas contesté, en particulier, mais pas seulement, lorsqu'il a été établi par une expertise.[43]

Dans un tel cas, la personne publique trouve avantage à la conclusion d'une transaction, en obtenant, en échange du versement immédiat du montant non contesté de la réparation intégrale du préjudice, l'assurance que ne sera pas remise en cause ultérieurement l'indemnisation versée ainsi que la certitude de ne pas avoir à payer les frais et les délais d'un contentieux, économisant ainsi à tout le moins d'éventuels intérêts moratoire

[36] Cass. soc. 28 janvier 2004, pourvoi n° 01-46.538.
[37] Cass. soc. 27 mars 1996 : Bull. V n° 124.
[38] Cass. soc. 19 février 1997 : Bull. V n° 74 — Cass. soc., 3 novembre 1998, pourvoi n° 96-42.510 — Cass. soc., 7 février 2007, n° 05-41.623, inédit.
[39] CE, 29 décembre 2000, M. Comparat, Rec. p. 658, concl. Fombeur.
[40] CE, section 19 mars 1971, sieurs Mergui, p. 235, concl. Rougevin-Baville.
[41] CE, Ass., 11 juillet 2008, société Krupp Hazemag préc.
[42] CE, 30 octobre 1974, commune de Saint-Pierre-les-Bois c. sieur Gohin, Rec. p. 525
[43] Cf. point 1.3.3 ci-dessus.

Section 21. La personne publique ne doit pas se livrer à une libéralité

La personne publique ne peut pas être condamnée à payer une somme qu'elle ne doit pas.[44] Cette règle est d'ordre public.[45] Aussi, lorsqu'il est saisi soit d'une demande d'homologation d'une transaction, soit d'un litige portant sur l'exécution de celle-ci, le juge administratif vérifie-t-il que les prétentions contre l'administration, qui ont servi de base à la négociation, étaient fondées. S'il estime que tel n'était pas le cas, il soulève d'office ce moyen, pour écarter l'application de l'accord intervenu. Ainsi, par exemple, lorsque l'administration transige pour régler un litige où sa responsabilité est mise en cause, elle ne peut accorder une indemnité que si sa responsabilité est établie et pour les seuls chefs de préjudice indemnisables. De même, il n'est pas possible de renoncer, par voie transactionnelle, à se prévaloir de la prescription quadriennale. Le relèvement de la prescription quadriennale ne peut se faire que dans le respect de règles posées par la loi n° 68-1250 du 31 décembre 1968.

La jurisprudence administrative a parfois fait de cette règle une application sévère. Cependant, l'avis du Conseil d'Etat rendu en assemblée le 6 décembre 2002, Syndicat intercommunal des établissements du second degré du district de L'Hay-les-Roses, Rec. p. 433, est revenu à l'approche plus souple qui était celle que proposait M. Rougevin-Baville dans ses conclusions sur la décision Mergui, précitée : « Ce qui est d'ordre public, ce n'est pas une éventuelle exagération de l'indemnité supérieure au préjudice subi, à moins que la disproportion ne soit telle que la prétendue transaction ne devienne une libéralité ». Le juge doit refuser l'homologation de l'accord des parties « si tout ou partie des sommes allouées correspond à un préjudice ou à un chef de préjudice qui n'existe pas ou qui n'engage pas la responsabilité de la puissance publique ». La jurisprudence interdit ainsi les libéralités mais elle ne prive pas les parties de la marge d'appréciation qui peut s'avérer nécessaire pour conclure la transaction.

Section 22. Effets de la transaction

L'administration est juridiquement engagée, dès qu'elle adresse à la partie adverse une proposition écrite de transaction. Elle ne peut plus, après cet envoi, modifier son offre, sauf si celle-ci est refusée, et ce même en cas d'erreur matérielle. La proposition de transaction doit donc être rédigée avec une extrême attention et doit être signée au même niveau hiérarchique que celui auquel sera signée la transaction elle-même. Les transactions ont, entre

[44] CE section, 19 mars 1971, sieurs Mergui, Rec. p. 235, conclusions Rougevin-Baville.

[45] CE 11 juillet 1980, compagnie d'assurance La Concorde et M. Fourrel de Frettes, RDP p. 1088.

les parties, l'autorité de la chose jugée en dernier ressort.[46] Elles ne peuvent être contestées pour cause d'erreur de droit ni pour cause de lésion.
Le principal effet de la transaction est d'obliger les parties à en exécuter les termes, afin de régler définitivement leur litige. La transaction est exécutoire de plein droit « sans qu'y fassent obstacle, notamment, les règles de la comptabilité publique ».[47] En dehors de l'obligation d'exécution incombant aux parties, la transaction a trois effets.

Paragraphe 1. Un effet extinctif

Lorsqu'une transaction a été régulièrement conclue et que les parties ont exécuté les obligations qu'elle comporte, elle fait obstacle à tout recours juridictionnel ultérieur concernant le même litige. Un tel recours est irrecevable.[48]

Paragraphe 2. Un effet relatif

Comme tout contrat, la transaction n'a d'effet qu'entre les parties.[49] Une transaction à laquelle la personne publique n'est pas partie ne lui est, en aucun cas, opposable. Dans le domaine de la commande publique, lorsque la transaction est signée par un mandataire d'un groupement d'entreprises, elle engage la totalité des membres de ce groupement.[50] Toutefois, l'effet de la transaction s'étend aux personnes qui succèdent aux parties dans l'exercice de leurs droits et obligations. Ainsi, une transaction dans laquelle le propriétaire d'un terrain jouxtant le domaine public a renoncé à demander une indemnité pour dépréciation de son fonds est-elle opposable aux tiers acquéreurs.[51]
La circonstance que la collectivité publique a dû procéder à l'indemnisation d'un préjudice, dont le montant a été établi dans le cadre d'un règlement amiable formalisé par une transaction, ne fait pas, par elle-même, obstacle à la possibilité pour la collectivité d'engager une action récursoire contre le responsable du dommage qui a commis une faute personnelle à l'origine de celui-ci.[52]

---

[46] Art. 2052 du Code civil.
[47] Avis d'assemblée du CE du 6 décembre 2002, Syndicat intercommunal des établissements du second degré de L'Hay-les-Roses, préc. et Ass. 11 juillet 2008, société Krupp Hazemag, préc.
[48] CE 8 février 1956, dame Germain, Rec. p. 69 ; CE 31 mars 1971, sieur Baysse, Rec. p. 1116.
[49] CE 15 janvier 1984, OPHLM de la ville de Firminy, Rec. p. 672.
[50] CE 21 janvier 1994, SA Stefal n° 64167.
[51] CE 20 juillet 1910, Compagnie des chemins de fer de Paris-Lyon-Méditerranée, Rec. p. 594.
[52] Art. 1441-4 du code de procédure civile.

Paragraphe 3. Un effet recognitif

La transaction a pour objet non de faire naître de nouveaux droits pour les cocontractants, mais de constater ceux dont ils étaient déjà détenteurs avant la rédaction du contrat. C'est pourquoi, lorsque le litige portait sur des droits immobiliers, la transaction n'a pas à être transcrite.

Section 23. L'homologation de la transaction

Il peut arriver que les parties souhaitent obtenir une validation juridictionnelle de la transaction conclue par la voie de l'homologation. L'homologation de la transaction et les litiges nés de son exécution relèvent de la compétence du juge judiciaire ou de celle du juge administratif selon les règles exposées au point 1.2. Elle n'est pas nécessaire et ne peut être demandée au juge administratif que lorsque son exécution rencontre une difficulté particulière.

Paragraphe 1. L'homologation par le juge judiciaire

En matière judiciaire, le juge compétent est le président du tribunal de grande instance ; l'homologation donne à la transaction force exécutoire.53 Le juge opère un contrôle restreint, limité à la validité formelle de l'acte et à sa conformité apparente avec l'ordre public. Lorsque ce magistrat refuse d'homologuer une transaction, celle-ci devient nulle et ne peut produire aucun effet.

Paragraphe 2. L'homologation par le juge administratif

La transaction n'a pas à être homologuée pour constituer un titre exécutoire.[54] Aucun texte ne prévoit une procédure d'homologation devant le juge administratif. Le 6 décembre 2002, le Conseil d'Etat a cependant ouvert une voie de droit prétorienne, en admettant la recevabilité d'une demande d'homologation présentée au juge administratif, en dehors de toute instance juridictionnelle « dans l'intérêt général, lorsque la conclusion d'une transaction vise à remédier à une situation telle que celle créée par une annulation ou la constatation d'une illégalité qui ne peuvent donner lieu à régularisation ou lorsque son exécution se heurte à des difficultés particulières ».[55]
Saisi d'une demande d'homologation, le juge administratif se livre à une vérification plus étendue que celle du juge judiciaire. Elle porte, en particulier, sur la licéité de l'objet, l'absence de libéralité et la conformité à

---

[54] Avis d'assemblée du CE du 6 décembre 2002, Syndicat intercommunal des établissements du second degré de L'Hay-les-Roses préc.
[55] Avis du CE. précité.

l'ordre public. Le délai d'examen est donc plus long que devant le juge judiciaire. Le refus d'homologation pour illégalité rend la transaction nulle et de nul effet.[56] La transaction constitue, en elle-même, un titre exécutoire ; aussi, le recours à l'homologation par le juge administratif doit-il rester exceptionnel.
Le juge administratif n'admet la recevabilité d'une demande d'homologation que lorsque son exécution rencontre une difficulté sérieuse. Le refus du comptable de l'exécuter n'en constitue pas une.[57] La seule circonstance qu'une clause de la transaction ait prévu qu'elle ne prendrait effet qu'à compter de son homologation ne constitue pas davantage une telle difficulté.[58] Une telle clause est donc à proscrire.

Section 24. Directives pratiques

L'objectif d'une transaction est de parvenir au règlement complet d'un litige, par des concessions équilibrées. L'administration doit veiller à ne pas rechercher, à tout prix, un règlement amiable du litige, qui la conduirait à des concessions excessives. Mais elle ne doit pas non plus rechercher, par principe, un arrangement désavantageux pour son partenaire. En effet, l'autorité publique a en charge l'intérêt général. Elle ne saurait chercher à obtenir des avantages injustifiés de la part d'un partenaire mal informé. Si l'autorité publique ne peut consentir à des libéralités, elle a, en revanche, le devoir de s'acquitter loyalement de ses obligations (Sénégal, Côte d'Ivoire, Congo, Tchad).

Paragraphe 1. L'administration doit procéder à un examen approfondi du dossier

Le recours à la transaction exige des services une compétence juridique. Il faut, en effet, faire un travail d'analyse semblable à celui qui incomberait au juge, si le différend était porté devant lui. Doivent être au préalable examinées l'ensemble des considérations de droit et de fait qui commandent l'issue du différend, afin de pouvoir formuler des propositions de règlement amiable appropriées. L'examen du dossier doit permettre d'évaluer le risque contentieux et donc financier encouru. L'administration peut alors conclure une transaction satisfaisante ou aborder dans les meilleures conditions la phase juridictionnelle s'il apparaît raisonnablement sûr qu'une décision contentieuse sera plus favorable aux intérêts de la collectivité. Lorsque de difficiles questions de droit se posent, pour lesquelles il n'y a pas de réponse assurée, ou lorsque la partie adverse émet des revendications manifestement infondées ou excessives qu'elle refuse de réviser après une négociation de

---

[56] Cf. pour un exemple, CAA Lyon 7 janvier 2010, société Brace ingénierie n° 08LY00326.
[57] CAA Douai, 13 avril 2006, n° 02DA00157.
[58] TA Paris, 8 novembre 2006, n° 060410913, ministère de la défense.

bonne foi, il vaut mieux soumettre la question au juge (Congo, Cameroun, Gabon, Bénin, Mali).

En revanche, lorsque l'examen du dossier permet d'établir, avec une raisonnable certitude, que la responsabilité pécuniaire de l'administration est engagée, la transaction doit être envisagée. Elle doit être proposée dans tous les cas où l'évaluation des sommes dues ne soulève pas de difficulté particulière. La voie juridictionnelle pourra néanmoins être préférée lorsque, en raison notamment d'une incertitude sur la part de responsabilité revenant à l'Etat, l'évaluation des sommes dues laisse place à un aléa important.

Paragraphe 2. L'évaluation des sommes dues

Au Mali, en Côte d'Ivoire et au Sénégal, la détermination des préjudices indemnisables et l'évaluation des sommes qui pourront être offertes dans le cadre d'une transaction sont faites selon les principes dégagés par la jurisprudence :

- le lien entre le comportement de l'administration et le préjudice allégué doit être direct ;
- le préjudice indemnisé peut être celui d'une victime directe ou d'un ayant droit ; dans ce dernier cas, le lien avec la victime directe doit être vérifié ;
- le préjudice doit être actuel et certain ; les préjudices futurs ne sont pas indemnisables, sauf s'ils constituent un prolongement direct et certain du préjudice actuel ;
- l'évaluation doit être faite suivant les règles qu'appliquerait le juge compétent, s'il était saisi de l'affaire ;
- la somme proposée doit permettre de réparer le préjudice, mais ne doit pas excéder le montant de celui-ci, sous réserve des approximations admises par l'utilisation de méthodes forfaitaires ;
- la somme proposée doit tenir compte d'un éventuel partage de responsabilité avec d'autres personnes responsables ou avec le demandeur lorsque celui-ci a commis une faute de nature à réduire la responsabilité de l'Etat.

Paragraphe 3. Les évaluations sur justificatifs

Au Congo, au Cameroun et au Gabon, dans un grand nombre de cas, les sommes offertes peuvent être déterminées exactement par les justificatifs fournis par le plaignant : pour les préjudices matériels, les devis de réparation ou les factures de travaux effectués seront la base de l'évaluation.

La personne publique ne peut exiger que les travaux soient effectués avant que la transaction n'intervienne. La victime est libre, en effet, de décider de ne pas faire les réparations dont elle a fourni le devis et pour lesquelles elle a reçu indemnisation.

En ce qui concerne les travaux immobiliers, il est conseillé de demander au plaignant qu'il fournisse au moins deux devis, lorsque les sommes en cause dépassent 4 000 euros, en vérifiant que ces devis correspondent effectivement à la réparation du préjudice allégué. Sauf exception, afin d'éviter toute contestation sur la bonne exécution de ceux-ci, la personne publique ne doit pas s'engager à effectuer elle-même les travaux.
Sauf pour des biens à l'état neuf, un coefficient de réfaction doit être appliqué, pour tenir compte de la vétusté et de l'usage régulier des choses endommagées. Les préjudices économiques (perte d'exploitation, perte d'emploi avec reclassement professionnel...) doivent être justifiés par tout document pertinent. On rappellera que l'article L. 122 du livre des procédures fiscales permet d'opposer ses déclarations fiscales ou douanières à toute personne qui réclame une indemnité à l'Etat, à une collectivité territoriale ou à un établissement public (Centrafrique, Guinée Bissau, Guinée Conakry).

Paragraphe 4. Le recours à la jurisprudence

Les préjudices physiques peuvent être évalués par référence à la jurisprudence des tribunaux. Suivant que le litige relèvera du juge judiciaire ou du juge administratif, on se reportera aux indemnisations accordées par chacun de ces ordres de juridiction. La direction des affaires juridiques des ministères financiers, qui exerce la fonction d'agent judiciaire du Trésor, dispose d'une grande expérience en cette matière ; les administrations s'adresseront utilement à elle pour les aider à déterminer les montants financiers qui pourront être proposés (Congo, Gabon, Cameroun, Bénin, Tchad).

Paragraphe 5. L'expertise

Sauf si le litige est simple ou porte sur des sommes peu élevées, le recours à un expert est souvent utile. Celui-ci peut évaluer le montant du préjudice indemnisable ou éclairer l'administration sur l'existence d'un lien de causalité entre les agissements imputables à l'administration et les dommages causés. Il n'est pas souhaitable que l'administration désigne un expert de façon unilatérale. En effet, la partie adverse pourrait mettre en cause son impartialité. L'expert sera donc désigné d'un commun accord. A défaut, il est possible de demander au juge administratif ou judiciaire, selon la nature du litige, de procéder à cette désignation par voie de référé (Sénégal, Mali, Niger, Togo).

Paragraphe 6. Informer le contrôle financier

Une transaction ne peut être conclue par un département ministériel sans l'aval de l'autorité chargée du contrôle financier. Le rôle de celui-ci est de veiller à la régularité de la dépense et de s'assurer que les crédits correspondant au montant de l'indemnisation à verser par l'Etat sont engagés comptablement sur la ligne budgétaire appropriée. Afin de permettre une rapide exécution des accords transactionnels ou d'éviter un éventuel refus de visa, il est vivement conseillé de prendre l'attache du contrôleur financier avant d'envoyer une proposition formelle de transaction. Cette conduite s'impose, en particulier, lorsque la transaction porte sur des sommes importantes (Burkina Faso, Gabon, Cameroun).

Section 25. La rédaction du protocole transactionnel

Pour éviter toute contestation ultérieure, la rédaction du protocole doit être précise et complète. La transaction doit être constatée dans un écrit. Il n'existe pas de formalisme particulier, mais les mentions suivantes doivent toujours s'y trouver :
- le nom, l'état civil ou la raison sociale, les coordonnées des parties et la qualité des signataires ;
- le rappel sommaire des faits, accompagné de leur date ; lorsque l'administration est à l'origine de dommages successifs, la mention de la date permet de s'assurer qu'il n'y a pas de double indemnisation pour un même dommage ;
- l'énoncé précis et complet du litige que la transaction entend régler ; une transaction ne règle que les différends qui s'y trouvent énoncés ;
- la référence éventuelle de l'expertise ; si la transaction est fondée sur les conclusions d'un rapport d'expertise (médical ou non), il est souhaitable d'en faire état. Un exemplaire du rapport doit être conservé par l'administration ;
- le montant total de la somme à verser par l'Etat en précisant si ce montant est hors taxe ou non.

Si les préjudices sont détaillés (notamment pour le préjudice corporel, le déficit fonctionnel temporaire, les souffrances endurées, le préjudice esthétique), les sommes offertes peuvent être aussi détaillées. Les justificatifs des préjudices matériels réparés doivent être joints au protocole.

- les sommes éventuellement versées par les organismes sociaux agissant en qualité de tiers payeurs, qu'ils soient parties ou non au protocole, doivent être précisées, afin qu'il soit fait application des règles relatives au recours subrogatoire des tiers payeurs ;
- une formule de renonciation à tout recours ultérieur portant sur les mêmes faits, et de désistement si un contentieux est en cours dont la rédaction pourrait être la suivante : « M.... renonce à toute action, prétention et à tout recours à l'encontre de l'Etat relatifs aux mêmes faits et se désiste de toute instance ou action en cours engagée contre l'Etat. »

Cette mention ne dispense pas l'intéressé de produire en justice un désistement exprès, dont il devra envoyer copie à l'administration.
- en cas d'instance en cours, il est conseillé de régler dans le protocole le sort des dépens et des frais irrépétibles, y compris ceux exposés, le cas échéant, en première instance.
La mention à utiliser est la suivante : « soit X pour solde de tout compte ».

Section 26. La signature du protocole transactionnel

Le protocole transactionnel est établi en un nombre suffisant d'exemplaires, dont deux sont destinés à la personne publique (l'un pour le service signataire et l'autre pour le service comptable). L'ensemble des exemplaires est ensuite proposé à la signature des parties qui mentionnent leur nom et, pour les personnes morales, la qualité du signataire. Il est recommandé que les parties paraphent le bas de chaque page du protocole et fassent précéder leur signature, en dernière page, de la date et de la mention manuscrite « Bon pour renonciation à tout recours » ou, en cas d'instance en cours, « Bon pour désistement d'instance et renonciation à tout recours ». Le représentant de la personne publique paraphe, signe et date toujours le dernier (Cameroun, Congo, Tchad, Centrafrique).

Section 27. L'exécution du protocole transactionnel

La personne publique doit exécuter de bonne foi les transactions qu'elle a conclues. Certaines d'entre elles peuvent, au demeurant, prévoir une date au-delà de laquelle, faute de paiement, la convention peut être caduque ou une date au-delà de laquelle des intérêts moratoires sont dus. Sauf stipulation contraire, le taux d'intérêt est celui de l'intérêt légal, précisé chaque année par décret. C'est pourquoi, une fois le protocole transactionnel conclu, il importe que l'administration procède, dans les plus brefs délais, au règlement des sommes dues. Un retard exagéré à exécuter ses obligations, même lorsque aucune clause de péremption n'a été insérée, peut conduire son cocontractant à remettre en cause les termes mêmes du protocole, particulièrement si celui-ci a pour objet l'indemnisation de pertes d'exploitation ou le versement d'indemnités pour pertes de jouissance. En outre, toute sommation de payer est de nature à ouvrir droit à des intérêts moratoires même lorsque la convention n'en a pas prévu le principe (Mali, Niger, Togo, Congo).
Le paiement par le comptable public suppose que celui-ci s'assure de la production des justificatifs exigibles, au nombre desquels figure le contrat de transaction signé et, le cas échéant, transmis au représentant de l'Etat. Selon les personnes publiques concernées, la transmission d'autres pièces doit être requise par le comptable, telle la délibération de l'organe délibérant

habilitant l'autorité exécutive à signer ce contrat (Congo, Cameroun, Bénin, Burkina Faso).
Les comptables publics ne sont fondés à refuser d'effectuer les opérations ou d'exécuter les paiements prévus par les transactions que lorsque de telles pièces n'ont pas été produites par l'ordonnateur ou pour l'un des motifs limitativement énumérés par les articles 12 et 13 du décret du 29 décembre 1962 portant règlement général de la comptabilité publique (absence de qualité de l'ordonnateur ou de son délégué, indisponibilité des crédits, inexactitude de l'imputation budgétaire de la dépense, absence de validité de la créance ou absence de caractère libératoire du paiement).
Les comptables publics doivent s'assurer de la cohérence des pièces justificatives produites. En revanche, il ne leur appartient pas de vérifier l'effectivité et l'équilibre des concessions consenties par les parties à la transaction. Les missions qui leur sont assignées ne les autorisent pas, en effet, à contrôler la validité des contrats qui leur sont présentés.[59] L'imputation budgétaire des sommes versées doit être déterminée dès le début de la procédure transactionnelle. Qu'il s'agisse de litiges de nature contractuelle, c'est-à-dire si la responsabilité de l'Etat résulte d'un marché ou de toute autre forme de contrat, ou de litiges de nature extracontractuelle, les indemnités transactionnelles, comme les sommes versées à la suite d'une décision juridictionnelle et leurs frais annexes éventuels, doivent être imputées sur les crédits limitatifs servant au financement des dépenses afférentes au contrat considéré. Toute dérogation à cette règle ne peut intervenir qu'avec l'accord préalable du ministre chargé du budget. Vous voudrez bien transmettre à la direction des affaires juridiques des ministères chargés de l'économie et du budget, agent judiciaire du Trésor, toute difficulté qui pourrait survenir dans la mise en œuvre des règles rappelées par cette circulaire (Congo, Guinée Bissau, Guinée Conakry, Gabon, Cameroun).

---

[59] CE, 5 février 1971, Balme, Rec, p. 105 ; CE, 10 février 1997 Ibo, Rec. p. 751 ; Cour des comptes, 28 mai 1952, Marillier, Rec. Valentigney : Gr. Arrêts jur. fin. n° 15.

CHAPITRE 5. LES INSTITUTIONS DU DROIT DU TRAVAIL

Les institutions du droit du travail sont les structures étatiques et sociales établies par la loi pour veiller à l'application du droit du travail et défendre les intérêts des salariés. En France, le droit du travail relève de la compétence spéciale de certaines institutions, tels le Conseil des prud'hommes, l'inspection et la médecine du travail, et de la compétence générale d'autres institutions, essentiellement juridictionnelles. La multiplicité des institutions compétentes résulte de l'histoire du droit du travail et de l'organisation juridictionnelle française. Les institutions publiques relevant de l'Etat, administratives et juridictionnelles, sont chargées de trancher les litiges nés de l'application du droit du travail, et de prévenir les infractions et les pathologies médicales liées au travail. Les institutions sociales sont chargées de défendre les intérêts des salariés dans et en dehors de l'entreprise, en exerçant une mission de revendication et en négociant des conventions et accords collectifs avec les organisations patronales.

Section 1. Les institutions administratives

L'inspection du travail est une institution administrative relevant du ministère du Travail. Cette institution est déconcentrée dans les départements, lesquels sont divisés en sections. Les inspecteurs du travail contrôlent l'application du droit du travail au sein des entreprises. Ces agents de l'unité territoriale exercent également des fonctions de contrôle administratif, notamment en matière de règlement intérieur, de licenciement des salariés protégés, et de licenciement pour motif économique.

Section 2. Les institutions juridictionnelles

Paragraphe 1. Les juridictions judiciaires

En droit du travail, les juridictions de l'ordre judiciaire sont compétentes pour connaître des litiges nés des relations individuelles et collectives du travail, entre employeurs, salariés et institutions représentatives du personnel. Les juridictions judiciaires sont également compétentes pour connaître et poursuivre les infractions au droit du travail. Conformément au dualisme juridictionnel, les litiges relatifs aux actes administratifs relèvent de la compétence exclusive de l'ordre administratif (Congo, Bénin, Gabon, Cameroun).

Paragraphe 2. Le Conseil des prud'hommes

Le Conseil des prud'hommes est la juridiction de première instance compétente pour les litiges individuels nés de l'exécution d'un contrat de travail. Créée au XIXe siècle, la juridiction prud'homale est une formation paritaire : les conseillers prud'homaux sont des salariés et des employeurs en nombre égal, élus pour un mandat bénévole de cinq ans renouvelable une fois. Les Conseils de prud'hommes sont divisés en cinq sections correspondant aux secteurs d'activité professionnelle et une section commune de référé, et chaque section est divisée en un bureau de conciliation et un bureau de jugement. La procédure prud'homale, essentiellement orale, est divisée en une phase de conciliation préalable et obligatoire, et une phase contentieuse. Le bureau de jugement est composé de quatre juges, deux conseillers issus du collège salariés et deux conseillers issus du collège employeurs. Un magistrat du tribunal d'instance est chargé de la répartition des voix.

La compétence du Conseil des prud'hommes est exclusive pour tous les litiges individuels nés d'un contrat de travail, qu'ils opposent un employeur et un salarié, ou des salariés entre eux. Cette compétence s'étend aux litiges concernant les salariés participant à l'exécution d'un service public, lorsqu'ils sont employés dans les conditions du droit privé. Le Conseil est saisi par la présentation volontaire des parties, ou par lettre recommandée avec accusé de réception adressée au greffe. La juridiction prud'homale juge en première et dernière instance les litiges pour un montant inférieur à 4000 €, et la décision du Conseil des prud'hommes peut être contestée en exerçant les voies de recours (appel ou cassation selon le taux de ressort). Le ministère d'avocat n'est pas obligatoire, et les parties peuvent agir elles-mêmes ou en étant représentées par des employeurs ou des salariés du même secteur d'activité, des délégués syndicaux, ou même leur conjoint.

Paragraphe 3. Le Tribunal d'instance

En matière de droit social, le Tribunal d'instance exerce sa compétence matérielle d'attribution à l'égard des litiges opposant les Assedic aux demandeurs d'emploi, et des litiges opposant les Urssaf aux employeurs. Cette compétence est limitée aux demandes inférieures à 10000€, le Tribunal d'instance juge en premier et dernier ressort les demandes inférieures à 4000€. En matière de droit du travail, le Tribunal d'instance est compétent en matière de contentieux électoral pour les élections professionnelles. Cette compétence s'étend aux litiges relatifs aux élections des délégués du personnels, des membres du comité d'entreprise, des conseillers prud'homaux, ou encore à la désignation des membres du CHSCT.

Le Tribunal d'instance est également compétent pour les litiges relatifs à la désignation et à la révocation des délégués syndicaux et des représentants syndicaux auprès du comité d'entreprise. Enfin, le Tribunal d'instance connaît des litiges relatifs à la reconnaissance d'une unité économique et sociale. Le Tribunal d'instance connaît quelques litiges échappant à la compétence du Conseil de prud'hommes, tels les différends entre marins et armateurs et certains litiges relatifs aux formes de travail sans contrat de travail comme en matière de stages de formation professionnelle (Congo, Gabon, Cameroun, Sénégal, Centrafrique). Il est également à noter la participation du juge d'instance au Conseil des prud'hommes en tant que juge départiteur, en cas de partage des voix.

Paragraphe 4. Le Tribunal de grande instance

Le Tribunal de grande instance (TGI) est la juridiction civile de droit commun, compétente pour connaître des litiges qui échappent à la compétence spéciale des autres juridictions, et pour les demandes excédant le taux de ressort du Tribunal d'instance (10000 €). À ce titre, le TGI est compétent en matière d'intéressement et de participation des salariés aux résultats de l'entreprise, et pour les litiges relatifs aux inventions des salariés. Au Congo, au Cameroun, Gabon et Sénégal, le TGI est surtout compétent dans les matières relevant des relations collectives du travail. Il connaît notamment des litiges nés de la conclusion, de l'application, de l'interprétation et de l'annulation d'une convention collective. Le TGI tranche plus généralement les litiges opposant des syndicats entre eux, des syndicats et des organisations patronales, un employeur et un syndicat ou un comité d'entreprise. Enfin, le président du TGI est seul compétent pour statuer par voie d'ordonnance sur requête de l'employeur ou du salarié, afin d'ordonner des mesures d'instruction à des fins conservatoires. À l'inverse, toutes les juridictions susceptibles de connaître un litige du travail sont compétentes pour statuer par voie d'ordonnances de référé : le Conseil des prud'hommes, le Tribunal d'instance et le Tribunal de grande instance.

Paragraphe 5. Le Tribunal de commerce

Le Tribunal de commerce peut être amené à connaître des litiges du droit du travail dans le cadre de sa compétence d'attribution. En matière de liquidation judiciaire, les salariés sont des créanciers disposant de privilèges généraux pour les créances de salaire. Toutefois, l'ouverture d'une procédure de redressement judiciaire ne suspend plus l'instance en cours devant le Conseil des prud'hommes. Par ailleurs, le Tribunal de commerce est compétent pour apprécier la validité d'une clause de non concurrence insérée dans le contrat de travail, si le défendeur est commerçant.

Paragraphe 6. Les juridictions pénales

Les juridictions pénales sont compétentes pour juger des infractions au droit du travail, malgré la compétence des juridictions civiles. Selon une jurisprudence constante de la chambre criminelle de la Cour de cassation, le juge pénal est tenu d'interpréter les dispositions du Code du travail, et il n'existe aucune question préjudicielle lui commandant de surseoir à statuer jusqu'à l'appréciation du juge civil. Par ailleurs, la règle selon laquelle « le criminel tient le civil en l'état » ayant été supprimée, le sursis ne s'impose à la juridiction civile que si l'action civile est exercée en réparation du préjudice direct résultant de l'infraction pour laquelle le juge pénal est saisi. Les infractions au droit du travail sont incriminées dans le Code du travail, et comprennent des contraventions et des délits relevant de la compétence du Tribunal de proximité (contraventions des quatre premières classes), du tribunal de police (contraventions de 5e classe) et du tribunal correctionnel (délits) (Congo, Mali, Bénin, Togo).

Paragraphe 7. Les juridictions administratives

Les juridictions administratives disposent d'une compétence exclusive pour connaître des recours contre les actes administratifs en matière de droit du travail. La qualité de l'auteur de l'acte détermine la juridiction compétente et les voies de recours contre les décisions du juge administratif. Le contentieux des décisions administratives en droit du travail se divise en contentieux de la légalité, contentieux de la déclaration et plein contentieux (Congo, Cameroun, Gabon, Bénin).

Paragraphe 8. Le contentieux de la légalité

La contestation des actes administratifs de l'autorité publique vise à obtenir leur annulation. Les conditions d'ouverture et d'exercice du recours pour excès de pouvoir (REP) sont déterminées par les règles du Code de justice administrative et la jurisprudence du Conseil d'Etat. Au Congo, Bénin, Sénégal, Mali, le recours pour excès de pouvoir peut être dirigé contre les dispositions de la Constitution, des décrets d'application des lois et des arrêtés ministériels relatifs à la représentativité syndicale et à l'extension d'une convention collective. Le Conseil d'Etat est compétent en premier et dernier ressort pour connaître des demandes d'annulation de ces actes, en raison de la qualité de leur auteur. Par ailleurs, les juridictions administratives connaissent également des recours dirigés contre les actes administratifs de l'inspection du travail, en matière d'emploi, de règlement intérieur, de constitution du CHSCT et des conditions de travail, et des élections professionnelles. Enfin, ces juridictions connaissent également du contentieux en matière d'entrée et de séjour des travailleurs étrangers, et de délivrance des permis de travail et de séjour.

Paragraphe 9. Le contentieux de la déclaration

Lorsque l'issue d'un litige dépend de la légalité d'un acte administratif, la juridiction judiciaire doit surseoir à statuer et former un recours en appréciation de validité de l'acte devant le juge administratif. Il peut s'agir d'un acte réglementaire concernant le statut du personnel d'une entreprise publique, ou d'une décision individuelle de l'inspection du travail d'autorisation de licencier un salarié protégé. Toutefois, la compétence du juge judiciaire est exclusive en matière de requalification d'un contrat de travail.

Paragraphe 10. Le contentieux de la responsabilité

La responsabilité de l'Etat peut être engagée devant le juge administratif pour les conséquences d'une décision ou d'une absence de décision des autorités administratives. En droit du travail, le contrôle de l'inspection du travail sur le licenciement des salariés protégés est une activité de tutelle et de contrôle, susceptible d'engager la responsabilité de l'Etat pour faute simple. Par ailleurs, l'inapplication d'une mesure d'expulsion des salariés grévistes ordonnée par les tribunaux judiciaires est susceptible d'engager la responsabilité de l'Etat sans faute, pour rupture de l'égalité devant les charges publiques.

Section 3. Les institutions syndicales

Paragraphe 1. Les organisations syndicales

Les organisations syndicales sont des organisations professionnelles de salariés d'une branche, ou plus rarement d'une catégorie de salariés déterminée, formées pour défendre les intérêts de leurs adhérents et des salariés qu'ils représentent. Les organisations syndicales de branche forment des confédérations syndicales au niveau national et interprofessionnel. La représentativité d'une organisation syndicale est désormais évaluée selon son audience lors des élections professionnelles, ou par son adhésion à une organisation syndicale représentative au niveau national. Les organisations syndicales représentatives et les organisations affiliées peuvent conclure des conventions et des accords collectifs par branche ou dans l'entreprise (Côte d'Ivoire, Centrafrique, Sénégal, Congo, RDC).

Paragraphe 2. Les sections syndicales

La section syndicale est une association syndicale de salariés constituée par un syndicat représentatif ayant des adhérents dans l'entreprise ou l'établissement, ou par un syndicat affilié à une organisation syndicale représentative au niveau national et interprofessionnel, ou encore par une organisation syndicale qui répond aux critères de l'indépendance et du respect des valeurs républicaines et qui est légalement constituée depuis au moins deux ans. La section syndicale d'entreprise est une structure intermédiaire entre les adhérents et le syndicat. Dépourvue de la personnalité civile, sa constitution n'est soumise à aucun formalisme particulier, et peut se déduire des circonstances ou d'une manifestation de volonté. Elle est chargée de collecter les cotisations syndicales, mais les missions de revendication et de négociation relèvent du monopole des délégués syndicaux (Cameroun, Congo, Gabon, Bénin, RDC).

Paragraphe 3. Le délégué syndical

Le délégué syndical est un représentant du personnel désigné par un syndicat représentatif dans une entreprise de 50 salariés et plus. Dans les entreprises de moins de 50 et de plus de 11 salariés, un délégué syndical peut être désigné parmi les délégués du personnel titulaire pour la durée de leurs mandats. Les délégués syndicaux sont désignés parmi les candidats aux élections professionnelles qui ont recueilli au moins 10 % des suffrages exprimés au premier tour, quel que soit le nombre de votants. Ils sont chargés de représenter leurs syndicats auprès du chef d'entreprise, et disposent du monopole de la négociation, de la revendication et de la désignation des candidats aux élections professionnelles dans l'entreprise (Sénégal, Côte d'Ivoire, Mali, Burkina Faso).

Paragraphe 4. Le représentant de la section syndicale

Le représentant de la section syndicale est une nouvelle institution créée par la loi du 20 août 2008 relative à la représentativité syndicale. Cette institution permet à un syndicat ayant créé une section syndicale dans l'entreprise, sans y être représentatif, de pallier l'impossibilité de désigner un délégué syndical. Dans les entreprises de moins de 50 salariés, le syndicat peut désigner un représentant du personnel comme représentant de la section syndicale pour la durée de son mandat.

Le mandat de représentant de la section syndicale prend fin dès lors que le syndicat qui l'a désigné n'est pas reconnu représentatif dans l'entreprise, à l'issue des premières élections professionnelles suivant sa désignation (Cameroun, Gabon, Congo, Sénégal).

Section 4. Les institutions représentatives du personnel

Paragraphe 1. Les élections professionnelles

Certaines institutions représentatives du personnelles sont élues par les salariés dans les entreprises. Cette élection a lieu au suffrage direct pour le choix des délégués personnel, des membres du comité d'établissement et des membres des comités d'entreprise et de leurs suppléants. A l'inverse, les membres des comités centraux d'entreprise, les représentants du comité d'entreprise au conseil d'administration ou de surveillance, et les membres du comité d'hygiène, de sécurité et des condition de travail (CHSCT) sont désignés au suffrage indirect. La durée légale des mandats des délégués du personnel et des membres du comité d'entreprise est de quatre ans (Sénégal, Togo, Niger, RDC).
Les élections professionnelles sont organisées à l'initiative du chef d'entreprise ou d'établissement, tous les quatre ans et à la même date, à peine de délit d'entrave. Cependant, le chef d'entreprise ou d'établissement peut constater l'absence de candidatures aux élections en dressant un procès-verbal de carence, affiché dans l'entreprise et transmis à l'inspection du travail. Les salariés ne peuvent organiser eux-mêmes les élections professionnelles, mais ils peuvent réclamer à la direction l'organisation des élections, et saisir le juge des référés qu'imposera à l'employeur de les organiser sous astreinte.

Paragraphe 2. Les délégués du personnel

Les délégués du personnel sont des salariés élus par leurs pairs pour présenter leurs réclamations individuelles et collectives des salariés. Première institution représentative du personnel à avoir vu le jour, les délégués du personnel sont élus au niveau de chaque établissement distinct, dès lors que l'effectif excède 11 salariés pendant 12 mois, consécutifs ou non, au cours des 3 années précédentes. Cette élection peut également être organisée dans le cadre d'une unité économique et sociale, ou dans le cadre de l'établissement unique de l'entreprise. Le nombre de délégués du personnel varie selon l'effectif de l'établissement et l'existence d'un comité d'entreprise (CE) et d'un comité d'hygiène, de sécurité et des conditions (CHSCT). Les délégués du personnel ont pour missions de présenter les réclamations individuelles ou collectives à l'employeur, de saisir l'inspection du travail de toutes les plaintes et observations liées à l'application du droit du travail, et d'assurer la défense des droits des personnes et des libertés individuelles. En l'absence de CE, les délégués du personnel ont pour mission d'assumer tout ou partie de ses fonctions économiques et sociales, et d'être consultés dans les domaines économiques énumérés par le Code du travail (Sénégal, Mali, Togo, Gabon, Congo).

Paragraphe 3. Le comité d'entreprise

Le comité d'entreprise est une institution représentative du personnel, présidée par le chef d'entreprise et composée d'élus du personnel et de représentants syndicaux. Le comité d'entreprise est obligatoire dans les entreprises occupant plus de 50 salariés, pendant 12 mois consécutifs ou non, au cours des 3 années précédentes. Lorsque l'effectif de chaque établissement de l'entreprise excède 50 salariés, un comité d'établissement est créé dans chaque établissement et un comité central est créé au niveau de l'entreprise. Des comités d'entreprise peuvent être créés au sein des unions économiques et sociales (Côte d'Ivoire, Centrafrique, Congo, Togo).
Le comité d'entreprise et le comité d'établissement disposent de la personnalité civile, et à ce titre, ils disposent d'un patrimoine et gèrent deux budgets autonomes (activités sociales et culturelles et activités économiques). Ces comités peuvent embaucher du personnel, engager des frais pour leur fonctionnement, mettre en place des activités au profit des salariés, et agir en justice. Ils disposent d'attributions économiques, professionnelles, sociales et culturelles (Gabon, Sénégal, RDC, Mali).

Paragraphe 4. Le comité d'hygiène, de sécurité et des conditions de travail

Le comité d'hygiène, de sécurité et des conditions de travail (CHSCT) est une institution représentative du personnel chargée de veiller à la santé au travail. La constitution d'un CHSCT est obligatoire dans les établissements employant au moins 50 salariés, et les représentants du personnel au CHSCT sont élus par un collège formé des membres élus du comité d'entreprise et des délégués du personnel. Le CHSCT a pour mission générale de contribuer à la protection de la santé et de la sécurité des salariés, et à l'amélioration des conditions de travail. Le CHSCT dispose également d'attributions de contrôle qui lui permettent d'analyser les risques professionnels auxquels les salariés sont exposés, et de réaliser de la déjudiciarisation du divorce.

CHAPITRE 6. L'INSPECTION DU TRAVAIL

L'inspection du travail est assurée essentiellement par des inspecteurs et contrôleurs du travail en charge du contrôle des entreprises et du renseignement du public. Contrôler, informer, conseiller, concilier, décider : les missions de l'inspection du travail sont étendues tout comme ses moyens d'actions (droit d'entrée dans l'entreprise, de constater les infractions...). Les agents de l'inspection du travail sont soumis à un certain nombre d'obligations (impartialité, confidentialité des plaintes, ...) et de droits, en tête desquels la protection contre les obstacles à l'exercice de ses missions.
A savoir. L'adresse de l'inspection du travail compétente et le nom de l'inspecteur doivent être affichés dans l'entreprise. L'inspecteur du travail peut être sollicité sur des questions dont la réponse nécessite une connaissance de l'entreprise concernée.

Section 1. Quelles sont les missions de l'inspecteur du travail ?

Au Congo, Cameroun, Gabon, Bénin et Côte d'Ivoire, l'inspecteur du travail (a pour la plupart des missions, le contrôleur du travail :
- contrôle l'application du droit du travail (code du travail, conventions et accords collectifs) dans tous ses aspects : santé et sécurité, fonctionnement des institutions représentatives du personnel (comité d'entreprise, délégués du personnel,...), durée du travail, contrat de travail, travail illégal...
- conseille et informe les employeurs, les salariés et les représentants du personnel sur leurs droits et obligations,
- facilite la conciliation amiable entre les parties, notamment lors des conflits collectifs,

Les inspecteurs du travail constatent également les infractions commises en matière de discriminations prévues à l'article 225-2 (3° et 6°) du code pénal, les délits de harcèlement sexuel ou moral prévus, dans le cadre des relations de travail, par les articles 222-33 et 222-33-2 du même code, les infractions aux règles de détachement temporaire de salariés sur le territoire national par une entreprise établie hors de France, aux dispositions relatives à l'interdiction de fumer dans les lieux affectés à un usage collectif prévues à l'article L. 3511-7 du code de la santé publique, ainsi que les autres infractions mentionnées à l'article L. 8112-2 du code du travail. Parmi ces autres infractions susceptibles d'être constatées par les inspecteurs du travail figurent désormais les manquements aux règles encadrant les stages étudiants en milieu professionnel.[60] Dans le cadre de la lutte contre le travail dissimulé, il est par ailleurs prévu que, lorsque l'inspecteur ou le contrôleur du travail constatera qu'un stagiaire occupe un poste de travail en

[60] Règles visées par les articles L. 124-7, L. 124-8, L. 124-10, L. 124-13 et L. 124-14 et à la première phrase de l'article L. 124-9 du code de l'éducation.

méconnaissance des articles L. 124-7 et L. 124-8 du code de l'éducation ou que l'organisme d'accueil (entreprise, association, etc.) ne respecte pas les articles L. 124-13 et L. 124-14 du même code, il en informera le stagiaire, l'établissement d'enseignement dont il relève, ainsi que les institutions représentatives du personnel de l'organisme d'accueil, et ce dans des conditions qui seront fixées par décret. Ces dispositions sont issues de la loi du 10 juillet 2014 citée en référence, en vigueur depuis le 12 juillet.
Sur les possibilités d'intervention des inspecteurs et contrôleurs du travail dans les situations de harcèlement (moral et sexuel), on peut se reporter aux précisions figurant dans la circulaire DGT du 12 novembre 2012 citée en référence.
L'inspecteur du travail n'est pas habilité à régler les litiges relatifs au contrat de travail : seul le conseil de prud'hommes est compétent dans ce domaine. Cependant l'administration du travail intervient dans l'homologation des ruptures conventionnelles des contrats de travail (Congo, RDC, Cameroun, Gabon, Centrafrique).
L'inspecteur du travail possède également un pouvoir de décision : l'employeur doit, dans certaines situations prévues par le code du travail, obtenir son autorisation avant d'agir. Tel est le cas, par exemple, en ce qui concerne :
- le licenciement des représentants du personnel (délégué du personnel, membre du comité d'entreprise, délégué syndical...), des conseillers prud'hommes, des médecins du travail,...
- certains dispositifs relatifs à la durée du travail, par exemple la mise en place d'horaires individualisés en l'absence de représentants du personnel ;
- le travail des jeunes (dérogations à certaines interdictions) ;
- le règlement intérieur.
Au Congo, Sénégal, Côte d'Ivoire, Bénin, les décisions de l'inspecteur du travail peuvent faire l'objet d'un recours administratif (recours gracieux - devant l'inspecteur lui-même - ou recours hiérarchique - généralement auprès du ministre chargé du travail) ou d'un recours contentieux (auprès du tribunal administratif).

Section 2. Quels sont les moyens d'action ?

Les agents de l'inspection du travail disposent d'un pouvoir d'investigation qui les autorisent à :
- pénétrer dans l'entreprise et à la visiter, sans avertissement préalable ;
- mener une enquête, notamment en interrogeant les salariés, en demandant communication de documents ;
- demander, dans le cadre de la lutte contre le travail dissimulé, aux personnes occupées dans l'entreprise ou sur le lieu de travail ainsi qu'à toute personne dont ils sont amenés à recueillir les déclarations dans l'exercice de leur mission, de justifier de leur identité et de leur adresse ;

- faire appel à des organismes agréés pour vérifier l'état des locaux et des matériels.
Les constats de l'inspection du travail peuvent donner lieu à :
- des observations rappelant les règles en vigueur ;
- des mises en demeure de se conformer à la réglementation ;
- des procès-verbaux pour les infractions pénales ;
- la saisine du juge des référés pour obtenir la suspension d'une activité particulièrement dangereuse ou dans le secteur de la vente au détail ou et de la prestation de services au consommateur - la cessation du travail dominical ;
- une décision d'arrêt d'un chantier en cas de risques graves de chute ou d'ensevelissement, de risques liés à des opérations de confinement et de retrait de l'amiante ;
- une décision d'arrêt d'activité dans certaines situations de danger lié au risque chimique,
- une décision (par exemple, de retrait d'une clause illicite dans le règlement intérieur de l'entreprise,...).
Les observations et mises en demeure notifiées par l'inspection du travail et relatives à des questions d'hygiène, de sécurité, de médecine du travail et de prévention des risques doivent être conservées par l'employeur pendant 5 ans. L'inspecteur ou le contrôleur du travail peut en prendre connaissance à l'occasion de ses visites. Elles doivent de plus être communiquées par l'employeur aux membres des CHSCT, aux délégués du personnel, au médecin du travail et, le cas échéant, aux représentants de certains organismes (notamment l'OPPBTP, Organisme Professionnel de Prévention du Bâtiment et des Travaux Publics, la Carsat - caisse d'assurance retraite et de la santé au travail).

Section 3. Quels sont les droits et obligations des agents de l'inspection du travail ?

L'inspecteur ou le contrôleur du travail bénéficie du droit à :
- l'indépendance (de toute influence extérieure indue),
- la libre décision (libre appréciation par rapport à la hiérarchie, des suites données aux contrôles),
- la protection contre les outrages, les violences et tout obstacle à l'accomplissement de ses fonctions. Toute atteinte de ce type est pénalement sanctionnable.
Il est tenu à diverses obligations :
- impartialité (attitude excluant toute manifestation de préjugés),
- confidentialité des plaintes,
- discrétion tant à l'égard de l'employeur que des salariés et des représentants du personnel,

- respect du secret professionnel (interdiction de révéler des secrets de fabrication,…),
- information (fournir les conseils techniques aux employeurs et aux travailleurs sur les moyens les plus efficaces d'observer les dispositions légales),
- probité.

CHAPITRE 7. LA DEJUDICIARISATION DU DIVORCE

Le Garde des Sceaux ayant récemment suggéré d'instaurer en France un " divorce civil" en cas de séparation des époux par consentement mutuel, il a paru intéressant d'examiner les législations étrangères permettant d'atténuer le rôle du juge dans la procédure de divorce.
A cette fin, on a étudié les législations relatives au divorce consensuel, car les procédures applicables en cas d'accord des époux ont pour caractéristiques non seulement d'accélérer le contentieux conjugal mais aussi de diminuer le rôle du juge. Il a également semblé nécessaire de montrer que certaines modifications législatives récentes ont essayé de limiter les inconvénients d'une déjudiciarisation trop poussée.
Les pays suivants ont été retenus : Guinée, Mali, Niger, Tchad, Centrafrique, Congo, Cameroun, Gabon, Sénégal, RDC. On a de plus analysé la récente loi sur le mariage adoptée le 15 juillet 1997 qui cherche à rendre le divorce plus difficile.
L'étude des législations africaines fait apparaître que :
- l'accord des conjoints est une condition permettant le recours à une procédure simplifiée et accélérée ;
- l'affaiblissement du rôle du juge s'accompagne d'une autonomie croissante des époux dans le règlement des effets du divorce ;
- la protection de l'intérêt des enfants constitue toutefois une limite importante à la déjudiciarisation du divorce.

Section 1. L'accord des conjoints permet le recours à une procédure abrégée et simplifiée

Paragraphe 1. Une procédure abrégée et simplifiée

L'accord des époux permet :
- de diminuer la durée de séparation nécessaire pour demander le divorce. Dans le Code de la famille de 1984, par exemple, au Congo, le délai de séparation passe de douze à six mois en cas de demande conjointe. De même, en Côte d'Ivoire et au Sénégal, la durée nécessaire de séparation est réduite de cinq à deux ans en cas d'accord des époux, selon la législation actuellement en vigueur.
- de simplifier la procédure. Au Congo, le juge n'exige plus que deux comparutions des époux espacées de trois mois, au lieu de trois espacées de six mois. En Centrafrique et en RDC, la procédure étant écrite et sommaire, elle est nécessairement plus rapide. En Côte d'Ivoire, la phase de conciliation est abrégée lorsqu'il y a divorce par consentement mutuel.

Paragraphe 2. Une procédure qui permet d'obtenir le divorce plus rapidement

Au total, la durée des divorces a fortement diminué dans les pays africains après les réformes de simplification des procédures. Elle n'est plus par exemple que de quelques mois au Bénin et au Centrafrique. De même, en Côte d'Ivoire et au Sénégal, la procédure spéciale appliquée depuis 1977 à tous les divorces non contestés permet aux couples de divorcer en quatre à six mois. A l'inverse de cette tendance, certains pays ont souhaité lutter contre une trop grande célérité des procédures qui nuirait à toute tentative de restauration du mariage. C'est ainsi que la réforme britannique de 1996, qui n'est pas encore entrée en vigueur, instaure un délai de ‘‘ réflexion et de considération ‘‘ ; une période de neuf ou quinze mois selon les cas devra nécessairement s'écouler entre le dépôt de la demande et la suite de la procédure.

Section 2. L'affaiblissement du rôle du juge s'accompagne d'une autonomie croissante des époux dans le règlement des effets du divorce

Paragraphe 1. L'affaiblissement du rôle du juge

La plupart du temps, le contrôle du juge devient purement formel. Dans certains cas, l'étendue même de sa compétence se restreint.

a) Un contrôle formel

Au Congo, le procureur doit donner au juge un avis sur le respect des conditions légales de forme et d'admissibilité de la requête, qui est un simple contrôle de légalité.
Au Cameroun et au Gabon, sous l'empire de la législation actuellement en vigueur, le contrôle du juge est pratiquement inexistant puisqu'il n'examine pas le fond de l'affaire. Au Mali, le magistrat, compétent à la place du juge pour les divorces non contestés, ne fait que vérifier le respect des conditions de délai de séparation.

b) Une compétence restreinte

Il arrive que des pans entiers du contentieux du divorce ne relèvent plus de la compétence judiciaire :
- les divorces non contestés en Centrafrique et au Bénin sont traités par le procureur ;
- le règlement de certains effets accessoires du divorce peut être confié à une autorité administrative. C'est notamment le cas en Côte d'Ivoire et au Sénégal, où le montant de la pension alimentaire due aux enfants est fixée par voie administrative. De même, au Congo, la détermination des droits de

visite relève dans tous les cas de la compétence de l'administration de la justice.

Paragraphe 2. La privatisation du règlement des effets du divorce

Dans l'ensemble des pays étudiés, les époux ont une autonomie de plus en plus grande pour trouver des arrangements sur les conséquences du divorce. Parallèlement, le recours à des organismes de médiation est encouragé.

a) L'autonomie des époux

Le législateur cherche en effet à aboutir à une plus grande contractualisation des questions conjugales. Il appartient aux époux de trouver eux-mêmes des accords satisfaisants concernant la pension alimentaire et la garde des enfants. En Centrafrique et au Sénégal, la pratique a institué un délai de réflexion afin de permettre aux époux de trouver un accord sur les effets du divorce, alors qu'auparavant, le règlement de ces questions était examiné après le divorce. En Centrafrique, avant 1994, la loi donnait aux conventions passées entre les époux force de loi. Ce divorce ''contractuel'' n'a d'ailleurs été que peu touché par la réforme.

b) Le recours à la médiation

Le couple peut être aidé dans sa recherche d'un accord par des organismes de médiation. Le recours à de telles structures est fortement encouragé. En Côte d'Ivoire et au Sénégal, les époux sont informés lors de l'entretien préliminaire des possibilités de recourir à la médiation ou aux services de conseil conjugal. Les avocats sont destinés à devenir le dernier recours. Au Tchad, les municipalités doivent tenir à la disposition de tous les couples un service de médiation gratuit, qui joue un rôle important dans la recherche d'un accord sur les problèmes de garde et de droits de visite. En Centrafrique, la médiation est obligatoire lorsqu'il y a des enfants de moins de seize ans.

Section 3. La protection de l'intérêt des enfants constitue toutefois une limite importante à la déjudiciarisation du divorce

Paragraphe 1. La présence d'enfants mineurs impose aux parents le respect de règles supplémentaires

Certaines précautions supplémentaires sont imposées par la loi pour garantir une meilleure prise en compte de l'intérêt des enfants. Au Niger et au Togo, comme en Centrafrique, le délai de réflexion imposé aux parents est allongé lorsqu'il y a des enfants de moins de seize ans. Au Mali, la médiation est obligatoire lorsqu'il y a des enfants âgés de moins de seize ans.

Enfin, en Côte d'Ivoire, la pratique a introduit la possibilité pour un parent de demander au juge de modifier la convention après le divorce si l'intérêt des enfants se trouvait gravement menacé à la suite de ''circonstances imprévisibles''.

Paragraphe 2. Le juge contrôle alors les accords passés entre les conjoints

La protection de l'intérêt de l'enfant a incité le législateur à renforcer le pouvoir donné au juge pour Contrôler le contenu des accords passés entre les époux.

Au Gabon, depuis 1994, un contrôle judiciaire d'opportunité a été introduit pour la défense de l'intérêt des enfants mineurs. Il se manifeste de deux façons :

- le procureur est invité à donner un avis sur le contenu des conventions relatives aux enfants mineurs ;
- si le juge considère certaines dispositions de ces conventions comme ''manifestement contraires aux intérêts des enfants mineurs '', il peut les faire supprimer ou modifier.

En Guinée, lorsque le divorce n'est pas contesté, l'administration, compétente à la place du juge, peut refuser de prononcer le divorce si l'arrangement trouvé est contraire à l'intérêt des enfants.

Au Togo, le divorce n'est accordé que si les arrangements des époux sont satisfaisants pour l'intérêt des enfants.

Enfin, au Bénin, le juge n'exerce un contrôle sur les accords des époux que pour vérifier que l'intérêt des enfants a bien été pris en compte. Dans l'ensemble des pays africains étudiés, il est apparu nécessaire de simplifier le contentieux conjugal en instaurant des procédures de divorce par consentement mutuel qui donnent une plus grande autonomie aux conjoints pour trouver des arrangements satisfaisants sur les conséquences du divorce.

Toutefois, cette contractualisation du divorce s'accompagne de deux limites importantes. D'une part, elle conduit le plus souvent à confier à des organismes de médiation une place importante dans la procédure de divorce. D'autre part, elle n'exclut jamais totalement le juge qui devient un régulateur des conflits familiaux. A l'inverse de cette tendance, Guinée Equatoriale a créé un contrat de mariage ''renforcé'' (contrat de mariage) qui n'ouvre la possibilité aux couples de divorcer qu'après le respect d'un délai relativement long de séparation ou sous des conditions restrictives.

Au Cameroun, Tchad, Centrafrique. Actuellement, la plupart des couples qui souhaitent divorcer choisissent la procédure ''spéciale'' prévue par la loi de 1973. Rapide et très économique, elle est très critiquée, notamment parce que :

- elle ne prend pas en compte les conséquences du divorce ;
- la trop grande célérité de la procédure conjuguée à une information insuffisante du couple ne permet pas d'encourager les époux à essayer de

sauvegarder leur mariage. C'est pourquoi le Code de la famille, adopté le 4 juillet 1996, introduit la notion nouvelle de divorce sans faute.
La réforme apporte deux changements importants. D'une part, elle institue un délai de " réflexion et de considération" (de neuf à quinze mois) pendant lequel les époux sont invités à réfléchir sur les conséquences d'un éventuel divorce et, en cas de rupture irrémédiable, à trouver les arrangements nécessaires. D'autres parts, elle incite le couple à s'adresser à des organismes de médiation pour trouver les solutions les plus satisfaisantes pour eux-mêmes et pour leurs enfants. La partie de la nouvelle loi sur la famille concernant le divorce sera mise en application après la conclusion des projets-pilote lancés en 1996 et qui doivent durer au moins deux ans. On a analysé la loi de 1973, encore en vigueur, et celle de 1996.

Section 4. La demande

Paragraphe 1. La procédure spéciale prévue par la loi de 1973

Le divorce se justifie par l'échec irrémédiable du mariage, dont la preuve est établie par l'une des cinq circonstances suivantes :
- le défendeur a commis un acte d'adultère rendant intolérable au demandeur le maintien de la vie commune ;
- le défendeur s'est comporté de telle façon que le demandeur ne peut raisonnablement continuer à vivre avec lui ;
- le défendeur a abandonné le demandeur depuis au moins deux ans ;
- les époux vivent séparément depuis au moins deux ans et le défendeur ne s'oppose pas au divorce ;
- les époux vivent séparément depuis cinq ans au moins.

Dans tous les cas, la demande ne peut être présentée devant le tribunal avant l'expiration d'un délai d'un an suivant le mariage. La procédure spéciale s'applique à toutes les affaires ne donnant pas lieu à contestation. La requête se présente alors sous la forme d'une simple déclaration sous serment.

Paragraphe 2. Le divorce sans faute introduit par la réforme de 1996

Le motif justifiant le divorce reste l'échec irrémédiable du mariage. Cependant, la réforme permet de demander le divorce sur simple déclaration unilatérale de l'échec du mariage.
La procédure de divorce commence par un entretien obligatoire avec les deux époux, qui sert à fournir des informations et des conseils sur les possibilités d'accès aux services de conseil conjugal, de médiation et de conseil juridique. Elle permet aussi d'évoquer les conséquences qu'aurait la poursuite d'une action en divorce tant au plan financier que, le cas échéant, pour les enfants.

Section 5. La procédure

Paragraphe 1. La procédure spéciale prévue par la loi de 1973

Le contrôle du juge est pratiquement inexistant : la procédure, très sommaire, évite l'examen du fond de l'affaire et la comparution personnelle des époux. Très rapide, entre quatre et six mois, cette forme de divorce a été très critiquée, notamment parce qu'elle ne permettait pas, selon ses détracteurs, de préserver les mariages qui pouvaient l'être et repoussait à plus tard l'examen des effets du divorce.
De plus, la procédure du divorce pour faute exacerbe le conflit entre les parents, ce qui risque d'avoir des conséquences négatives pour les enfants.

Paragraphe 2. Le divorce sans faute introduit par la réforme de 1996

A la suite de l'entretien d'information, s'ouvre une période de trois mois à l'issue de laquelle la demande en divorce peut être déposée. C'est à partir de cette demande que débute la période de ''réflexion et de considération '' d'une durée de neuf mois portée à quinze mois s'il y a des enfants de moins de seize ans ou si l'un des époux souhaite un temps de réflexion plus long.

Section 6. Le règlement des effets du divorce

Paragraphe 1. La procédure spéciale prévue par la loi de 1973

Elle prévoit que l'examen des questions accessoires se fait après le prononcé du divorce.
La procédure spéciale peut donc être comparée à une sorte de divorce administratif.

Paragraphe 2. Le divorce sans faute introduit par la réforme 1996

Les couples doivent mettre à profit la période de réflexion pour aboutir à un accord sur les conséquences du divorce :
- l'accord financier peut faire l'objet d'une ordonnance du tribunal, d'un accord négocié, d'une déclaration commune des deux époux ou d'une déclaration de l'un d'entre eux ;
- les époux doivent montrer au juge que les arrangements trouvés sont satisfaisants pour leurs enfants ;
- l'absence de compromis sur un accord pendant cette période ouvre une nouvelle période de réflexion. L'accord doit être trouvé grâce aux informations fournies lors de l'entretien préliminaire et avec l'aide des organismes de médiation. Les avocats sont destinés à devenir le dernier recours.

Le but de la réforme consiste à déjudiciariser le divorce en détournant le règlement de ses effets accessoires vers la médiation.
Depuis l'entrée en vigueur de la loi de 1993, l'un des aspects du règlement du divorce a été soustrait à tout arrangement privé. La fixation des pensions alimentaires pour les enfants a en effet été confiée à une agence administrative spécialisée. Les obligations financières des parents envers leurs enfants échappent dorénavant aux attributions des tribunaux. Les changements opérés par la réforme de 1996 ont également pour objectif d'éviter le tribunal, mais dans un sens opposé puisque, loin de vouloir confier à un organisme extérieur certaines conséquences du divorce, la loi cherche au contraire à permettre aux parties d'élaborer leurs propres décisions.
La loi du 30 juin 1994, entrée en vigueur le 1er octobre 1994, apporte des modifications sensibles aux dispositions du code judiciaire relatives au divorce par consentement mutuel. D'une part, elle limite la rigidité et la durée de certaines formalités de la procédure, ce qui devrait contribuer à réduire la durée d'un divorce de quinze à six mois. D'autre part, elle atténue la liberté contractuelle qu'avaient les époux pour régler les questions accessoires du divorce et qui empêchait tout droit de regard du juge. L'immutabilité des conventions se heurte aujourd'hui à la faculté dont dispose le juge de vérifier le respect de l'intérêt, juridiquement protégé, de l'enfant.
La demande. La demande est introduite par le dépôt d'une requête au greffe du tribunal de première instance. La comparution personnelle des époux, obligatoire avant la réforme de 1994, n'est plus nécessaire pour enclencher la procédure. La requête doit être signée par chacun des époux ou par au moins un avocat ou un notaire. Elle comprend obligatoirement les conventions passées entre les époux pour le règlement des effets du divorce. Mais il n'est plus nécessaire de faire dresser au préalable un inventaire notarié des biens possédés par le couple qui, précédemment, devait garantir l'authenticité du règlement du partage.
La procédure. La procédure du divorce par consentement mutuel a été simplifiée par la loi de 1994. Les époux ne sont plus convoqués qu'à deux comparutions espacées de trois mois, au lieu de trois espacées de six mois avant 1994. Les comparutions sont théoriquement personnelles mais le juge peut, ''dans des circonstances exceptionnelles'', accorder des dérogations, notamment lorsque l'un des époux est malade ou réside à l'étranger. Pendant la procédure de divorce, le procureur émet un avis sur le respect des conditions légales de forme (caractère exhaustif des effets du divorce réglé par la convention…) et d'admissibilité (conditions d'âge, respect des règles du droit international privé…). Transmis au juge, cet avis se limite à un simple contrôle de légalité.
Le règlement des effets du divorce. Les époux doivent régler par une convention les effets accessoires du divorce et notamment :

- la garde des enfants ;
- la pension alimentaire due par un époux et les modalités selon lesquelles elle pourra être révisée après le divorce ;
- la résidence de chacun des époux pendant la procédure et après le divorce.
Cette convention peut désormais être faite sous seing privé.
Avant 1994, ce règlement des effets du divorce était définitif. Le juge n'avait aucun droit de regard sur les arrangements entre époux, ni en ce qu'ils touchaient à leurs droits et intérêts, ni en ce qu'ils concernaient le sort des enfants. Le juge ne pouvait refuser de prononcer le divorce que si certains des termes de cet accord étaient contraires à l'ordre public.
La loi du 30 juin 1994 a apporté d'importantes retouches au système antérieur en introduisant un contrôle judiciaire d'opportunité. Limité à la défense de l'intérêt des enfants mineurs, il se manifeste de deux façons :
- d'une part, le procureur est invité à donner un avis sur le contenu des conventions relatives aux enfants mineurs ;
- d'autre part, si le juge considère certaines dispositions de ces conventions comme ''manifestement contraires aux intérêts des enfants mineurs'', il peut les faire supprimer ou modifier.
A défaut de suivre les éventuelles injonctions du juge, les époux courent le risque de voir leur demande en divorce rejetée.
Enfin, après le divorce, l'un des parents peut demander au juge de modifier la convention si l'intérêt des enfants venait à se trouver gravement menacé par suite de ''circonstances imprévisibles'', formule extrêmement restrictive qui souligne l'importance encore accordée au principe de l'immutabilité du contrat.
En Guinée, Côte d'Ivoire. La loi sur le mariage et le divorce du 8 mars 1991 et la loi n°47 sur le mariage du 4 juillet 1991 accentuent la tendance à la déjudiciarisation : l'administration peut dans certains cas se substituer au juge dans le traitement du contentieux conjugal. En effet, si les époux sont d'accord sur les conditions de dissolution du mariage (ce qui est le cas dans 90% des divorces) et sur le principe d'un divorce administratif, l'administration prononce le divorce par Acte administratif. A l'inverse, lorsqu'aucune solution ne peut être trouvée au cours de la procédure administrative, le divorce est du ressort du tribunal.
Par ailleurs, le Congo et la Côte d'Ivoire accordent une place importante aux organismes de médiation pour assister les époux dans la recherche d'un arrangement satisfaisant sur les conséquences du divorce.
Au Congo, le divorce peut être demandé pour les raisons suivantes :
- séparation légale depuis au moins une année ;
- séparation légale ou de fait depuis six mois au moins si les parties sont d'accord pour divorcer ;
- séparation de fait d'un moins deux années ;
- bigamie ;
- violence contre un époux ou contre un enfant.

Au Cameroun, les époux peuvent demander le divorce :
- après une séparation de fait de deux ans au moins ;
- après une séparation légale d'un an au moins, sans qu'aucun délai ne soit prescrit entre le mariage et l'acte de séparation.
Le juge matrimonial accorde automatiquement l'acte de séparation sur requête de l'un des époux.
Le divorce est du ressort de l'administration lorsque les trois conditions suivantes sont réunies :
- le divorce est demandé pour l'une des causes ci-dessus mentionnées ;
- les parties acceptent le principe d'une procédure administrative de divorce ;
- elles sont d'accord sur les conséquences les plus importantes du divorce (droit à une pension alimentaire de l'un des époux, garde des enfants et jouissance de l'appartement conjugal).
Il n'est pas nécessaire que les époux aient trouvé au moment du dépôt de la demande de divorce, un accord sur les effets du divorce. Celui-ci peut en effet intervenir lors de la procédure.
C'est seulement lorsqu'il y a violence ou contestation de la durée de séparation que la procédure de divorce relève de la compétence du tribunal. Il n'est pas obligatoire que les époux soient d'accord sur les effets accessoires, ces questions pouvant ultérieurement être déférées devant les tribunaux et donc disjointes de la décision principale.
Au Gabon, les époux sont convoqués à une réunion obligatoire, présidée par un magistrat. Elle n'est pas obligatoire, si elle est présidée par un fonctionnaire. Elle n'est pas obligatoire pour les couples ayant déjà obtenu une séparation légale. Ils sont avertis au cours de cette réunion des conséquences de leur décision de divorcer. Ils doivent comparaître personnellement. Si l'un des époux ne se rend pas à la réunion (après deux convocations), le divorce ne peut être obtenu par décision administrative. Les époux doivent alors divorcer devant le juge.
Les officiers administratifs ont le devoir de vérifier l'existence de la cause du divorce et d'assister les époux dans le règlement des effets accessoires, tout en leur laissant un large degré d'autonomie. Les divorces sont prononcés par le ministère de la justice ou par le juge (par délégation du ministère de la justice).
Au Sénégal, la procédure est essentiellement écrite. Le juge n'effectue aucun contrôle de fond et se contente de contrôler les conditions de délais de séparation. Toutefois, il peut, s'il l'estime nécessaire, convoquer les parties. Les parents d'enfants de moins de seize ans souhaitant divorcer après une séparation de fait doivent préalablement avoir tenté une médiation. Les divorces sont prononcés par le juge.
Au Mali, le couple doit s'entendre en cours de procédure sur les points suivants :
- la garde des enfants ;
- le droit à l'usage du logement familial ;

- le droit à une pension alimentaire de l'un des époux ;
- le devoir de l'un des époux de verser un capital à l'autre en cas de séparation des biens en vue d'éviter que celui-ci ne subisse un préjudice injuste du fait du divorce. Le juge matrimonial peut proposer aux parents et à leurs enfants de tenter une médiation en cas de désaccord sur ces points, afin de leur permette de trouver la solution la, meilleure pour l'intérêt des enfants. La loi prévoit la possibilité d'une médiation confessionnelle. L'administration peut refuser de prononcer le divorce par décret si l'arrangement trouvé par les époux (par exemple, garde des enfants par l'un seulement des parents) est contraire à l'intérêt des enfants. De plus, tant que l'administration n'a pas pris la décision, les époux peuvent toujours revenir sur leur accord. Dans ces deux cas, le divorce se fait devant le juge. En pratique, lorsqu'il y a accord des époux, le juge refuse très rarement de prendre un décret.

Les droits de visite et le partage des biens peuvent être réglés après le divorce. L'administration est seule compétente pour les droits de visite, même dans les cas où un jugement sur la garde des enfants est nécessaire. De même, une fois que l'obligation de verser une pension alimentaire a été fixée soit par accord, soit par le juge, seule l'administration est compétente pour en fixer le montant. La plupart des divorces au Mali ne sont contestés ni sur le principe ni sur le règlement des effets accessoires. Le rôle des autorités administratives se limite alors à un rôle de contrôle et de conseil. La procédure est donc informelle, rapide et économique.

Au Bénin, la médiation, obligatoire lorsqu'il y a des enfants de moins de seize ans, a pour objet d'amener les parties à trouver un accord sur la garde, les droits de visite et la résidence des enfants. L'arrangement trouvé doit être le meilleur pour les enfants. Les parents sont, sauf excuse valable, obligés d'assister en personne à la médiation. Si les parents n'arrivent pas à se mettre d'accord sur la garde des enfants et les droits de visite, la question relève du tribunal.

La demande. La demande doit indiquer le motif pour lequel le divorce est invoqué. Pour le divorce par consentement mutuel, il s'agit de la séparation consensuelle ayant duré au moins trois ans. Avant la loi de 1987, cette durée de cinq ans. La demande peut être déposée conjointement ou par l'un seulement des époux si l'autre a donné son accord. Les conjoints indiquent les arrangements trouvés sur les effets accessoires du divorce (pension alimentaire, garde des enfants).

La procédure. Au Congo, les époux sont convoqués à une audience de tentative de conciliation, à laquelle ils doivent comparaître en personne. Toutefois, si la comparution des époux doit toujours être ordonnée, la loi n'assortit cette obligation d'aucune sanction. Le juge peut donc renoncer à tenter une conciliation lorsque les faits allégués constituent objectivement

une cause de divorce et que les parties montrent par leur comportement qu'elles souhaitent véritablement divorcer. De plus, lors d'une procédure de divorce par consentement mutuel, cette phase se déroule de manière très abrégée et simplifiée : le tribunal, après avoir vérifié en chambre du conseil le respect des conditions légales, prononce le divorce par un jugement.
Le règlement des effets du divorce. Les époux peuvent régler conventionnellement les questions relatives à leurs relations patrimoniales et aux enfants. Le tribunal se borne à entériner les accords entre les parties. Le divorce est accordé immédiatement lorsque les arrangements des époux sont satisfaisants pour l'intérêt des enfants.
La loi n°645 du 5 juin 1973, entrée en vigueur en 1974, a sensiblement simplifié la procédure du divorce en supprimant le divorce pour faute et en rendant facultative la médiation entre les époux.
Malgré une procédure très ''administrative'', la Guinée a opté, à la différence du Mali et de la Côte d'Ivoire pour une compétence judiciaire en matière de divorce.

La demande. En RDC, le divorce est un droit inconditionnel de chacun des époux. Aucune preuve du caractère définitif de l'échec du mariage n'est requise. Le tribunal doit examiner si le divorce peut être prononcé sur-le-champ. C'est notamment le cas :
- si les époux vivent séparés de fait depuis au moins deux ans ;
- lorsque les époux sont d'accord sur le principe du divorce. Toutefois, un délai de réflexion de six mois leur est imposé s'ils le demandent ou s'il y a des enfants de moins de seize ans.

Dans le cas où un délai de réflexion doit être respecté, un époux doit reformuler une demande de divorce à l'issue des six mois. Si une telle demande n'est pas effectuée dans l'année qui suit, la procédure est réputée caduque.
La procédure est entièrement écrite. Les époux ne sont pas obligés de comparaître devant le tribunal puisque la tentative de conciliation obligatoire a été supprimée. Cependant, le Centrafrique a organisé un système de médiation volontaire et créé des services de conciliation publics et gratuits. Cette procédure étant facultative, le médiateur ne peut obliger les parties à comparaître devant lui. Il doit chercher la cause du différend et tenter de la résoudre avec le couple.
Le règlement des effets du divorce. Le juge n'exerce aucun contrôle sur le contenu des accords passés entre les époux, sauf lorsqu'il s'agit de la garde des enfants. En effet, il peut, dans ce cas, refuser les arrangements manifestement contraires à l'intérêt de l'enfant. Les services de médiation jouent un rôle important pour les problèmes de garde et de droit de visite. Les parents peuvent s'entretenir avec des experts et des travailleurs sociaux. Les discussions ont souvent lieu avant la procédure devant le tribunal.

Au Cameroun, Centrafrique, Tchad, Gabon, le taux élevés de divorce en Afrique a incité certains Etats à chercher des solutions pour renforcer les liens du mariage. Des initiatives législatives tentent notamment :
- de rendre le divorce plus difficile, en supprimant le divorce sans faute ;
- d'éviter les mariages hâtifs en proposant aux couples des programmes laïcs de préparation au mariage.
Le Togo s'est engagé dans une autre voie. La loi du 15 juillet 1997 propose aux couples désireux de se marier le choix entre un contrat de mariage classique, qui leur permet de divorcer par consentement mutuel, ou un nouveau type de contrat (contrat de mariage) par lequel ils s'engagent à ne divorcer qu'au bout d'une séparation de fait de deux ans minimum ou sous certaines conditions restrictives.

Le mariage. Avant de contracter un mariage, le couple doit signer une déclaration qui indique que :
- le mariage est l'engagement de vivre ensemble comme mari et femme pour toujours ;
- les futurs époux se sont choisis soigneusement et ont révélé l'un à l'autre tout ce qui pourrait affecter leur décision de se marier ;
- ils s'engagent à faire tous les efforts possibles pour préserver leur mariage en cas de difficulté et notamment à consulter un conseiller conjugal ;
- ils doivent, avant discuter du sens du mariage avec un conseiller, les époux doivent signer une deuxième déclaration sous serment attestant qu'ils mesurent l'importance du mariage, engagement pour la vie. Par ce document, ils s'engagent à demander des conseils extérieurs en cas de difficulté pendant leur mariage et à respecter les cas limités dans lesquels ils peuvent demander le divorce. Ces deux déclarations forment la déclaration d'intention qui doit être présenté lors du mariage civil.

Le divorce. Les couples qui ont choisi un contrat de mariage s'engagent, d'une part, à s'adresser à un conseiller conjugal en cas de difficultés pendant le mariage et, d'autre part, à ne demander le divorce que pour des causes précises :
- l'adultère ;
- l'accomplissement d'un crime par l'un des époux et la condamnation à une peine d'emprisonnement, de travaux forcés ou une peine de mort ;
- l'abandon du domicile conjugal depuis une année au moins ;
- l'abus physique ou sexuel sur l'époux ou un enfant ;
- la séparation de fait depuis au moins deux ans.
L'initiative anti-divorce de l'Etat de Guinée est très critiquée. Les opposants à cette réforme soulignent notamment qu'elle favorise les couples les plus aisés, qui peuvent toujours déménager dans un autre Etat où le divorce est plus facile, et qu'elle complique inutilement la tâche d'un couple qui a échoué dans son projet conjugal, sans qu'il y ait nécessairement faute de la

part d'un des époux. De plus, elle rend encore plus difficile et onéreuse la procédure de divorce dont la complexité et le coût amènent déjà les parties à ''négocier dans l'ombre de la loi'' pour régler les conflits familiaux.

CHAPITRE 8. LE TRANSFERT DE COMPETENCE DE L'HOMOLOGATION DU DIVORCE PAR CONSENTEMENT MUTUEL EN FRANCE

« Une société qui résout les états de crise sans juge, est une société où tous les coups de force sont permis ». A peine entré dans ses nouvelles fonctions, le bâtonnier de Paris, Pierre-Olivier Sur, s'insurge contre une des dispositions issue du rapport Delmas-Goyon, rapporteur d'un projet commandé par la Garde des Sceaux. Au sein de ce projet dont la réflexion porte sur le juge du XXIème siècle, est évoqué le fait de confier à un « greffier juridictionnel » le soin de régler les divorces par consentement mutuel. Ce n'est pas la première fois qu'un tel projet est exposé, le rapport Guinchard présenté le 30 juin 2008 avait lui aussi fait l'objet de polémiques.
En France, sur les 130 000 divorces prononcés chaque année, 55 % concernent des couples en accord avec le principe de la séparation et sur les modalités s'y attachant (la garde des enfants, la répartition du patrimoine, le versement d'une prestation compensatoire...). Le divorce, tous contentieux confondus, représente la moitié de la masse de travail des juges aux affaires familiales. Afin de comprendre les inquiétudes du bâtonnier de Paris, seront développées les dispositions du rapport au regard de la procédure actuelle. En outre, la crainte d'une « déjudiciarisation » du divorce par consentement mutuel en France de la part des avocats pourrait se voir confirmer au regard du droit international comparé.

Section 1. Proposition n°49 : naissance et substance

A l'origine, ce projet commandé par Christiane Taubira, avait pour objet de répondre aux attentes du Premier ministre qui avait pour ambition de mettre sur pied des réformes permettant « d'assurer une justice plus proche des citoyens, plus efficace et plus accessible ». Dans l'un des trois axes sur lesquels devait travailler le rapporteur, se posait la problématique quant à « la plus-value de l'intervention du magistrat (...) en termes non seulement procédural et décisionnaire, mais aussi en termes d'efficacité et de pédagogie pour les justiciables ». En outre, il est indiqué dans cette lettre que la réflexion doit notamment porter sur « l'office du magistrat et son périmètre d'intervention de l'organisation de son travail, et de ses relations avec ses partenaires immédiats ».
Aussi, au sein du chapitre 2 visant la promotion du travail d'équipe, est évoqué le statut nouveau du « greffier juridictionnel ». En effet, le rapport développe la possibilité de déléguer une partie des missions du magistrat auprès de cette nouvelle catégorie de fonctionnaires. Ils pourraient notamment se voir attribuer des missions telles la mise en état des affaires

civiles[61], ou soulever d'office l'incompétence territoriale. Toutefois, ce qui retient notre attention dans le cadre de la présente étude est la proposition n°49 octroyant « au greffier juridictionnel une compétence propre pour le prononcé du divorce par consentement mutuel ».
Il est clairement indiqué à la page 107 de ce rapport qu'il « a été retenu de transférer au greffier juridictionnel le divorce par consentement mutuel, sans qu'il y ait lieu de distinguer en fonction de la présence d'enfants ou de la consistance du patrimoine ». Il devra « s'assurer que l'accord obtenu (soit) équilibré, qu'il préserve les intérêts de chacun et ne soit pas la conséquence de l'abus d'une position dominante. Il faut aussi vérifier que le choix de la procédure du divorce par consentement mutuel est réfléchi et qu'il traduit une véritable volonté de rechercher une solution amiable aux conséquences personnelles, parentales et patrimoniales du divorce. »
Cette proposition est sans ambiguïté quant au fait que la compétence du greffier juridictionnel est totale, c'est-à-dire que même en présence d'enfants, sujets pourtant sensibles du droit civil, ce dernier pourra procéder à l'homologation du divorce.

Section 2. La progressive évolution de la procédure du divorce par consentement mutuel

C'est une des innovations de la loi du 11 juillet 1975, le divorce sur demande conjointe qui ne portait pas encore le nom de divorce par consentement mutuel reposait déjà sur l'accord des deux époux quant au principe de la rupture et sur ses effets. Le changement sera réalisé au travers de la loi du 26 mai 2004. Ce type de divorce est encadré par les articles 230 et 232 du Code civil. En résumé, la requête en divorce doit pour être valide, contenir une convention signée par les deux époux comprenant un état liquidatif du régime matrimonial. Cette convention est ensuite étudiée par le juge aux affaires familiales qui peut l'homologuer selon l'article 232 du Code civil disposant que « le juge homologue la convention et prononce le divorce s'il a acquis la conviction que la volonté de chacun des époux est réelle et que leur consentement est libre et éclairé ».
Concrètement, la procédure se déroule de la manière suivante : saisi par la remise au greffe de la requête conjointe, le JAF convoque chacun des deux époux pour les entendre individuellement puis ensemble avec leurs avocats. Durant ces auditions, le juge vérifie que la liquidation est bien complète, que l'intention de divorcer est réelle et persistante. Par la suite, et ce le jour même, le juge peut homologuer la convention de divorce et prononcer ce dernier.[62] A contrario, le juge peut refuser d'homologuer la convention en se

[61] Cf. proposition 45, 2. 1. 1.
[62] Article 1099 du Code de procédure civile.

fondant sur la non préservation des intérêts des enfants ou des époux. Le divorce et ses conséquences prennent effet le jour même de l'homologation.
A première vue et sans qu'il soit nécessaire d'approfondir l'étude de la procédure, il est clairement établi et les arrêts rendus par la Cour de cassation vont dans ce sens, que l'homologation de la convention de divorce suppose en préalable une appréciation d'une situation et que celle-ci ne repose pas exclusivement que sur des éléments objectifs mais aussi subjectifs. Qu'aussi il est légitime de se demander si un acteur du droit autre que le titulaire d'un magistère peut prétendre à la réalisation de cette mission.

Section 3. Vers une déjudiciarisation de la justice en France

Paragraphe 1. Le désaccord des avocats quant à la proposition n°49

Le rapport Delmas Goyon, anticipant les contestations, précisait que l'intervention du greffier juridictionnel « ne présente aucun des inconvénients d'une « déjudiciarisation » dont le rapport Guinchard a bien mis en lumière les dangers » et ajoute « les avocats ne voient contester aucune de leurs prérogatives ».
« Déjudiciariser » signifie qu'une situation contentieuse ou gracieuse autrefois présentée devant un magistrat est aujourd'hui résolue par un tiers ne disposant pas d'un magistère. C'est ce passage d'une relation symbolique entre la justice et les justiciables représentée par le juge à une « vulgarisation » de la rupture du contrat de mariage que dénonce la profession des avocats. Cela revient à réduire, selon eux, les règles du contrat de mariage à un contrat classique selon lesquelles il revient seulement à ceux qui ont fait le contrat de le défaire. Pour le barreau de Paris « seul l'imperium du juge, avec la participation des avocats, doit permettre de dénouer le lien solennel que l'officier d'état civil a établi en mairie ». Il convient toutefois de préciser que dans le cadre du rapport Delmas-Goyon, le juge garde un rôle secondaire. En effet, s'il devait y avoir des contestations de la part des époux quant à la décision du greffier juridictionnel, le dossier pourrait passer entre les mains du juge.
Un autre argument de poids est mis en lumière par l'Association nationale des avocats spécialistes et praticiens en droit de la famille, des personnes et de leur patrimoine, « structurellement, le statut du greffier n'apporte pas les mêmes garanties que le statut du magistrat du siège en termes d'indépendance, d'impartialité et d'inamovibilité ». Sans compter, ajoutent les avocats, qu'il n'y a pas assez de greffiers en France. Les détracteurs de ce rapport rappellent que le juge « est désigné par la loi comme étant le garant de l'intérêt supérieur de l'enfant et du maintien des liens avec ses deux parents » et il doit « assurer l'équité des accords intervenus entre les parties et la protection du conjoint le plus vulnérable ». Et le contrôle du juge

permet également « de favoriser la loyauté des époux et l'équilibre économique des conventions. Le seul fait de comparaître devant le juge est une entrave à des comportements déloyaux ».
La réponse apportée par le rapport est sans appel « le greffier juridictionnel présente les garanties nécessaires pour remplir cet office. Placé au cœur de l'équipe juridictionnelle qu'il est préconisé de mettre en œuvre et donc pleinement avisé des enjeux personnels, familiaux et patrimoniaux d'une séparation, il pourra contrôler efficacement les conventions qui lui seront soumises ». Visiblement la situation ne va pas cesser de s'envenimer. Pour marquer leur position l'association a elle aussi émit un rapport intitulé « La Justice du XXIème siècle et le droit de la famille ». Une position que les avocats se sont empressés de défendre lors du colloque organisé sur ce thème à l'Unesco les 10 et 11 janvier, par la chancellerie sous l'intitulé « la justice du 21ème siècle ».

Paragraphe 2. La proposition n°49, reflet d'une pratique déjà bien entérinée à l'étranger

A la fin de la missive envoyée par la Garde des Sceaux à Monsieur Delmas Goyon, cette dernière préconisait de s'appuyer « pour conduire les analyses, sur les expériences étrangères ». En effet, il est intéressant de constater la manière dont une commission du Sénat a mis en exergue la manière dont s'effectuait le divorce à l'étranger. Déjà en mars 1998, le service des affaires européennes avait comparé la procédure du divorce au sein de 7 Etats (Angleterre, Belgique, Danemark, Norvège, Italie, Suède, Etat de Louisiane), estimant qu'il paraissait « intéressant d'examiner les législations étrangères permettant d'atténuer le rôle du juge dans la procédure de divorce». Cette étude fait suite au projet du Garde des Sceaux de l'époque « d'instaurer en France un » divorce civil » en cas de séparation des époux par consentement mutuel ». L'étude de ces législations européennes met en lumière trois singularités ; l'accord des conjoints est une condition permettant le recours à une procédure simplifiée et accélérée, de plus, l'affaiblissement du rôle du juge s'accompagne d'une autonomie croissante des époux dans le règlement des effets du divorce, enfin, la protection de l'intérêt des enfants constitue toutefois une limite importante à la déjudiciarisation du divorce.
Concernant l'affaiblissement du rôle du juge, soit sa compétence est restreinte, soit le contrôle qu'il exerce est purement formel. Ainsi dans le premier cas, le règlement de certains effets accessoires du divorce peut être confié à une autorité administrative notamment en Angleterre. De plus, sous cette même législation en vigueur à l'époque, le contrôle du juge est pratiquement inexistant puisqu'il n'examine pas le fond de l'affaire. Mais, la nouveauté vient de la privatisation du règlement des effets du divorce entraînant une plus grande autonomie pour les époux afin de trouver des

arrangements, encourageant par la même le recours à des organismes de médiation. Outre-Manche toujours, « le législateur cherche en effet à aboutir à une plus grande contractualisation des questions conjugales. Il appartient aux époux de trouver eux-mêmes des accords satisfaisants concernant la pension alimentaire et la garde des enfants ». De plus, « en Angleterre et au Pays de Galles, les époux sont informés lors de l'entretien préliminaire des possibilités de recourir à la médiation ou aux services de conseil conjugal. Les avocats sont destinés à devenir le dernier recours. Ce recours à la médiation devient obligatoire en Suède lorsqu'il y a des enfants de moins de seize ans ».

La lecture de ce rapport, certes ancien, mais assez révélateur d'une politique de rationalisation, laisse à penser que le rapport Delmas-Goyon n'est pas né sous la seule impulsion de Madame Taubira. Il est assez fréquent d'aller constater l'effectivité des législations étrangères avant de s'engager dans des réformes. Il convient toutefois si l'on désire s'inspirer de ce qui fait à l'extérieur de ne pas s'arrêter qu'aux simples signes encourageants ; le rapport du Sénat précisant que cette contractualisation du divorce n'exclut pas totalement le juge « qui devient un régulateur des conflits familiaux ». Il est vrai que le changement est parfois vecteur de progrès et qu'il faut vivre avec les objectifs de son temps. Mais à trop vouloir rationaliser une justice déjà en difficulté, n'est-ce pas risquer de la voir décrédibiliser ? N'oublions pas que le mieux reste l'ennemi du bien[63]

Conclusion. Alors, ''moins de judiciaire'' ou ''une justice juste'' ? On peut répondre ''les deux, mon général !''... à condition de creuser encore la nécessaire articulation entre les deux combats et de ne pas ''s'emmêler les pinceaux'' dans les actions au jour le jour.

---

[63] Orientation politique ou administrative qui vise à éviter le recours aux tribunaux, à la police et au système pénitentiaire dans la mesure du possible. Note : Plus fréquent au Canada qu'en Europe.

CHAPITRE 9. L'OFFICE DU NOTAIRE

Le notaire est un juriste investi d'une mission d'autorité publique qui prépare des contrats sous la forme authentique pour le compte de ses clients. Il exerce ses fonctions dans un cadre libéral.

Section 1. Le notaire, un officier public

Le notaire est un officier public, intervenant dans l'ensemble des domaines du droit : famille, immobilier, fiscalité et patrimoine, entreprises, rural, collectivités locales…
Agissant pour le compte de l'Etat, nommé par le ministre de la justice, il confère aux actes qu'il rédige un gage de sérieux et d'authenticité. Cela signifie qu'il possède de véritables prérogatives de puissance publique, qu'il reçoit de l'Etat.
Selon les termes de l'article 1er de l'ordonnance du 2 novembre 1945 relative au statut du notariat : « Les notaires sont les officiers publics établis pour recevoir tous les actes et contrats auxquels les parties doivent ou veulent faire donner le caractère d'authenticité attaché aux actes de l'autorité publique ».

Section 2. Le notaire, un professionnel de l'authentification des actes

Il a le pouvoir d'authentifier les actes en apposant son sceau et sa propre signature. Il constate ainsi officiellement la volonté exprimée par les personnes qui les signent et s'engage personnellement sur le contenu et sur la date de l'acte. Cet acte s'impose alors avec la même force qu'un jugement définitif. A ce titre, le notaire est le magistrat de l'amiable, acteur d'une justice amiable.

Section 3. Le notaire, un professionnel libéral

Bien qu'investi de l'autorité publique, le notaire exerce ses fonctions dans un cadre libéral, assurant ainsi une forme moderne de service public sans coût pour l'Etat, puisqu'il assume la responsabilité économique de son étude.
C'est un professionnel libéral, rémunéré par ses clients (et non par les contribuables) selon un tarif fixé par l'Etat pour les services qu'il rend.

Section 4. Le notaire, un professionnel présent sur tout le territoire

Leur implantation fait l'objet d'une adaptation permanente sous le contrôle de la chancellerie. Elle obéit à trois principes :
- maintenir un service public juridique de proximité,
- tenir compte des évolutions géographiques et démographiques,

- veiller aux conditions économiques d'exercice de la profession afin d'assurer un service de qualité.

Section 5. Les principaux domaines d'intervention du notaire

L'ordonnance du 2 novembre 1945 définit la mission du notaire de la façon suivante :
« Les notaires sont les officiers publics établis pour recevoir les actes et contrats auxquels les parties doivent ou veulent faire donner le caractère d'authenticité attaché aux actes de l'autorité publique, et pour assurer la date, en conserver le dépôt, en délivrer des grosses et expéditions ».
Outre cette mission légale d'authentification et de conservation des actes, l'intervention des notaires est beaucoup large : c'est un généraliste du droit ayant une vision globale des problèmes juridiques. Il intervient dans l'ensemble du domaine juridique et fiscal ce qui le rend naturellement compétent pour sa fonction de conseil des clients.

Section 6. Notaire et actes de famille

C'est le domaine traditionnel de son activité : contrats de mariage, donations entre époux, donation-partage, testaments, successions. De ce fait, l'Etat lui impose certaines obligations, le consommateur a une attente particulière.
Ce qu'attend l'Etat du notaire :
- enregistrement des testaments
- authenticité pour certains actes importants
- conservation pendant 100 ans des documents
Ce qu'attend le consommateur du droit :
- que l'authenticité produise ses effets : force probante, force exécutoire et date certaine.
- qu'il soit un conseiller impartial sur les questions familiales et personnelles

Section 7. Notaire et immobilier

C'est un domaine important de l'activité notariale : négociation de vente, signature d'avant-contrat, signature de la vente...
Ce qu'attend l'Etat du notaire :
- rigueur de l'alimentation de son fichier immobilier ;
- perception des taxes y compris sur les plus-values des ventes immobilières
- aide à la lutte contre le blanchissement.
Ce qu'attend le consommateur du droit :
- certitude de la propriété du bien par la recherche systématique de son origine de propriété ;
- qu'il soit « le guichet unique » dans ce domaine : le notaire sera l'interlocuteur quasi-unique dans le domaine de la vente ;

- que l'authenticité produise ses effets : Force probante, Force exécutoire et Date certaine ;
- la sécurité juridique.

Section 8. Notaire et entreprise

C'est un domaine moins connu de son activité mais où le notaire a une réelle compétence.
Grâce à sa vision globale du patrimoine du chef, d'entreprise, il peut proposer des solutions juridiques et fiscales les plus adaptées.
Ce qu'attend l'Etat du notaire :
- protection du principe d'insaisissabilité des biens immobiliers du chef d'entreprise
- contrôle de légalité de la société européenne
Ce qu'attend le consommateur du droit :
- que l'authenticité produise ses effets : force probante, force exécutoire et date certaine ;
- protection du principe d'insaisissabilité de ses biens immobiliers.

Section 9. Notaires, droit rural et environnement

Grâce à l'implantation des notaires sur l'ensemble du territoire, il est le principal acteur juridique du monde rural.
Il peut ainsi proposer des outils destinés à encourager l'exploitation agricole :
- création d'un fonds agricole qui permet d'estimer la valeur de l'exploitation ainsi que de faciliter sa transmission.
- création d'un bail cessible passé en la forme authentique : la loi permet, sous certaines conditions, de passer un bail qui pourra être cédé à toute personne, même si elle n'est pas un parent du bailleur.
- conclusion d'un « plan crédit transmission » en la forme authentique : sous certaines conditions, la loi permet de vendre à des conditions fiscales avantageuses l'exploitation agricole.

Section 10. Notaires et collectivités locales

Deux types de prestations (souvent cumulées) sont fournis par les notaires aux collectivités :
D'une part le conseil juridique, en droit de l'urbanisme, aménagement du territoire, droit de l'environnement, droit des collectivités territoriales, ...
Ex : le fait d'expliciter le périmètre de la domanialité publique, ou encore le fait d'apporter la sécurité juridique dans les opérations de transferts de biens entre collectivités.

D'autre part, la rédaction de l'acte avec la responsabilité afférente. Pour le coût d'un acte on a le conseil, la couverture de la responsabilité, l'analyse juridique, à prix tarifé. En effet, dans le prolongement du conseil donné, l'acte notarié apporte notamment une sécurité juridique au Maire.

CHAPITRE 10. LE MINI-TRIAL

En 1997, le CEPANI a rencontré le souhait des entreprises de disposer d'un instrument qui, en plus des arbitrages et médiations classiques, est apte à favoriser l'obtention d'un accord entre les parties en litige. Cet outil a reçu la dénomination internationale consacrée de « mini-trial ».
Le mini-trial est la formule de procédure appropriée dans le cas d'un entrepreneur souhaitant régler un conflit de manière rapide et efficace, de sorte que les parties concernées puissent retrouver des relations commerciales normales dans les plus brefs délais. Les deux parties prennent directement part à la procédure en désignant chacune un représentant haut placé afin qu'il obtienne le rôle d'assesseur dans le comité de mini-trial. Ce comité est présidé par un président désigné par le CEPANI, lequel a pour mission de dégager un consensus afin d'arriver à un accord valable entre les parties.
Pour que cette procédure soit couronnée de succès, deux conditions doivent être remplies :
- les parties auprès du comité mini-trial doivent être représentées par des personnes d'un niveau suffisamment élevé, afin qu'elles puissent prendre du recul par rapport au litige concret et tenir compte des intérêts de la société à long terme. Les assesseurs doivent pouvoir engager l'entreprise lorsqu'un accord est dégagé ;
- il est essentiel que le président du comité de mini-trial, désigné par le CEPANI, fasse preuve d'une autorité suffisante et de qualités en matière de négociation, ce qui lui permettra une perception correcte du litige, mais aussi une approche psychologique adéquate de ce dernier.

CHAPITRE 11. LA CONCILIATION

La conciliation a été instituée par le décret du 20 mars 1978 : ''il est institué des conciliateurs qui ont pour mission de faciliter en dehors de toute procédure judiciaire le règlement amiable des différends portant sur des droits dont les intéressés ont la libre disposition''.
L'institution des conciliateurs vise une meilleure régulation des flux contentieux, et par conséquent un désengorgement des tribunaux ; elle tente aussi d'apporter une réponse qui soit plus adaptée que le procès à de nombreux litiges. Les conciliateurs ont pour mission de faciliter le règlement amiable des conflits portant sur des droits dont les parties ont la libre disposition. Les matières intéressant l'ordre public telles que l'état des personnes, le divorce, le droit pénal et les rapports entre les particuliers et l'administration sont donc exclues de leur champ de compétence. En pratique, ils connaissent essentiellement des petits conflits individuels : troubles de voisinage, litiges fonciers, malfaçons, problèmes locatifs ou de consommation, exécution des contrats. Leur intervention est entièrement gratuite pour les parties.
Ils sont saisis de manière très simple :
- soit directement par le justiciable, par tout moyen (visite, lettre, téléphone), en dehors de toute procédure judiciaire ;
- soit par délégation du juge d'instance dans le cadre d'une procédure devant le tribunal d'instance.
Les conciliateurs peuvent en effet être désignés par le juge afin d'exercer le pouvoir de conciliation que les textes reconnaissent à ce dernier :
- en application des articles 21 et suivants de la loi n° 95-125 du 8 février 1995 et du décret n° 96-1091 du 13 décembre 1996, ils peuvent être désignés pour procéder à une tentative préalable de conciliation avant une instance, sauf en matière de divorce et de séparation de corps.[64] La mission du conciliateur ne peut excéder un mois, renouvelable à la demande du conciliateur. Le juge peut y mettre fin à tout moment, d'office ou à l'initiative d'une partie ou du conciliateur ;
- en application du décret n° 98-1231 du 28 décembre 1998, ils peuvent, depuis le 1er mars 1999, être directement désignés en cours d'instance par le juge d'instance, sans formalité particulière, quel que soit le mode de saisine du tribunal.[65]

---

[64] Articles 831 à 835 du nouveau code de procédure civile.
[65] Articles 840, 847 et 847-3 du nouveau code de procédure civile.

Table des matières

L'Afrique
aux éditions L'Harmattan

Dernières parutions

LE PAGNE AFRICAIN ET SA SYMBOLIQUE
Femmes et féminité au travers de motifs d'un objet majeur de la culture africaine
Mukundila Kembo Dieudonné - Préface de Masiala ma Solo
Ce livre explore la manière dont le signe de la femme est utilisé dans les illustrations des pagnes africains. Il montre le caractère sexué du pagne en relation avec les fonctions sociales de la femme, lesquelles contribuent à la structuration de la société. L'objet n'est pas seulement artistique, il est culturel et social et se trouve à la fondation des croyances, des institutions, des structures sociales. Il cesse d'être uniquement un vêtement et devient un lieu de savoir et de culture, un reflet de la société africaine. (illustrations en couleur)
(Coll. Culture Africaine, 20.00 euros, 174 p.)
ISBN : 978-2-343-04531-3, ISBN EBOOK : 978-2-336-37124-5

POUR MIEUX AMARRER L'AFRIQUE NOIRE À L'ÉCONOMIE MONDIALE GLOBALISÉE
Sylla Mamadou Lamine
Ce livre pose un regard sans complaisance sur l'évolution en cours de l'Afrique noire dans l'économie mondiale globalisée. Il incite à une sortie graduelle et programmée des sillons économiques tracés par la colonisation, c'est-à-dire principalement de l'économie des matières premières, de manière à inscrire le continent noir dans une dynamique de production qui capture des pans importants de sa propre consommation intérieure pour en faire un puissant levier de son développement.
(Coll. Études africaines, 20.00 euros, 200 p.)
ISBN : 978-2-343-04178-0, ISBN EBOOK : 978-2-336-37193-1

LE DISCOURS DE LA BAULE 20 JUIN 1990
Une nouvelle thérapie pour l'Afrique
Konaté Issoufou
Lors de la 16e Conférence au sommet des chefs d'État de France et d'Afrique de La Baule le 20 juin 1990, François Mitterrand a demandé aux chefs d'État africains d'instaurer la démocratie comme système de gouvernance. En bons élèves, ils ne se sont pas posé la question de savoir si la pression pour aller à la démocratie n'était pas une thérapie de plus. L'auteur appelle donc ici à repenser les différentes «thérapies» jusque-là connues et imposées de l'extérieur, n'ayant pas porté de vrais fruits.
(20.00 euros, 198 p.)
ISBN : 978-2-343-01668-9, ISBN EBOOK : 978-2-336-37172-6

L'ODYSSÉE DU CONSTITUTIONNALISME EN AFRIQUE
Tama Jean-Nazaire - Préface d'Alain Degage
Le constitutionnalisme en Afrique n'a pas eu une trajectoire ou un parcours linéaire, mais plutôt sinueux et tortueux, dû aux vicissicitudes sociopolitiques et économiques du continent. Ce parcours est marqué par une quête de développement, de libertés, d'indépendance et de souveraineté. C'est le récit de ce voyage, celui d'une Afrique à la recherche de sa propre voie pour affirmer son individualité et son originalité dans le concert des continents, que nous propose l'auteur avec cet ouvrage.
(Coll. Études africaines, 39.00 euros, 460 p., Broché)
ISBN : 978-2-343-05888-7, ISBN EBOOK : 978-2-336-37309-6

L'EFFACEMENT DE LA DETTE DES PAYS AFRICAINS
L'approche de la Doctrine Sociale de l'Église Catholique
Akplogan Pamphile - Préfaces de Pierre Noel et Laurence Dossou-Quenum
Ce livre prend la mesure de la question de la dette et de ses conséquences sur la dignité des peuples les plus pauvres. Plongeant dans les fondements de la tradition de l'Église, il réinterprète les concepts de justice distributrice, de solidarité, de subsidiarité, d'option préférentielle pour les pauvres au regard de la question des dettes. Enfin, la plus grande contribution de ce travail réside dans l'évolution théologique qu'il procure au concept de structure de péché développé par les récents papes. Ledit concept, appliqué aux dettes, offre à la doctrine sociale un socle théologique solide pour revendiquer l'effacement des dettes des pays très endettés.
(Coll. Églises d'Afrique, 41.00 euros, 426 p.)
ISBN : 978-2-343-05705-7, ISBN EBOOK : 978-2-336-37167-2

LES TÉLÉVISIONS AFRICAINES FACE AU DÉFI DE LA MODERNITÉ
L'expérience de la CRTV
Bilé Olivier
Se fondant sur l'expérience particulière de la Cameroon Radion Television (CRVT), l'auteur soutient que les télévisions africaines ont maille à partir avec la modernité. La trajectoire historique de la CRTV est mise en lumière à la faveur d'une analyse la comparant avec celle de télévisions européennes emblématiques. Dans un contexte africain de migration vers le numérique et de mondialisation médiatique qui incline vers une uniformisation aussi féconde que destructrice d'identités, l'auteur livre sa vision d'un modèle de télévision authentiquement africain.
(Coll. Harmattan Cameroun, 28.00 euros, 270 p.)
ISBN : 978-2-343-05657-9, ISBN EBOOK : 978-2-336-37277-8

SANTÉ PUBLIQUE, ANTHROPOLOGIE DE LA SANTÉ ET DÉVELOPPEMENT EN AFRIQUE
Sanni Yaya Hachimi, Zerbo Roger
Les actions de santé publique étudiées dans cet ouvrage concernent la prise en charge de la tuberculose en Afrique. Les difficiles relations entre soignants et malades, les raisons du non-recours spontané aux soins, ainsi que la complexité du traitement sont appréhendées à travers le vécu des malades. En dépit des quelques succès, les auteurs constatent les discordances. Ce livre vient rappeler que la lutte contre la maladie requiert une compréhension du mode d'organisation sociale dans laquelle évoluent les individus.
(Coll. Études africaines, série Santé, 32.00 euros, 312 p., Broché)
ISBN : 978-2-343-05329-5, ISBN EBOOK : 978-2-336-37305-8

MONNAIE, STRUCTURE ET SOUS-DÉVELOPPEMENT
Tedajo Joseph
Cet ouvrage propose une réflexion centrée sur l'explication de la nature de la monnaie, de la structure et de la refondation sociale de la théorie économique de développement. Le travail sur la nature de la monnaie et de sa structure est une contribution fondamentale à la refondation locale de l'économie et du développement mondial intégré.
(Coll. Harmattan Cameroun, 35.00 euros, 346 p.)
ISBN : 978-2-343-05592-3, ISBN EBOOK : 978-2-336-37197-9

LA CONDITION ET LA CARRIÈRE DES UNIVERSITAIRES
Analyse comparée à partir de quelques cas de l'Afrique francophone
Wafeu Toko Patrick
Cet ouvrage vient combler un vide dans une littérature relative au métier d'universitaire jusqu'ici relativement peu développée. La crise de la profession universitaire apparaît comme le parent pauvre des sciences sociales et en particulier du droit, d'où le souhait de l'auteur d'étudier la condition et la carrière des universitaires à partir de l'observation de quelques États de l'Afrique francophone.
(Coll. Études africaines, 49.00 euros, 524 p.)
ISBN : 978-2-343-03055-5, ISBN EBOOK : 978-2-336-37104-7

ÉCOLOGIE SOCIALE ET LANGUE FRANÇAISE EN AFRIQUE NOIRE
Mfoutou Jean-Alexis
L'écologie linguistique étudie le lien entre les langues, les liens entre les êtres qui les parlent, et le milieu dans lequel elles sont parlées. C'est à un parcours dans les lieux où se constitue «l'architecture intime» des locuteurs africains et où le français - langue déplacée - se diversifie en prenant les couleurs locales que le lecteur est convié ici.
(Coll. Études africaines, 16.50 euros, 166 p.)
ISBN : 978-2-343-05023-2, ISBN EBOOK : 978-2-336-37084-2

HENRI GADEN À TRAVERS L'AFRIQUE DE L'OUEST (1894-1939)
Fils de Bordeaux, aventurier africain
Dilley Roy - Traduit par Jean-Louis Balans
Ce livre est la première biographie en français sur Henri Gaden, un personnage colonial exceptionnel qui a vu une série de transformations les plus radicales de l'histoire de l'Afrique de l'Ouest. Il fournit un portrait approfondi et intime de l'homme, de sa place dans l'histoire, et de ses contradictions, des tensions et des ambiguïtés non seulement dans sa vie privée et professionnelle, mais aussi au cœur de l'entreprise coloniale.
(Coll. Connaissance des hommes, 39.00 euros, 408 p.)
ISBN : 978-2-343-05123-9, ISBN EBOOK : 978-2-336-37180-1

LE CONTENTIEUX DOUANIER DANS LES PAYS DE LA CEMAC
Djeuwo Marcellin - Préface de Minette Libom Li Likeng
Ceux qui traitent au quotidien des questions douanières (conseillers fiscaux, juges avocats, etc.) n'ont pas toujours dans leur programme de formation de base des modules dédiés au droit douanier. Cet ouvrage vise à expliquer les difficiles mécanismes du contentieux pénal douanier ainsi que la procédure contentieuse civile douanière et de change, susceptible d'aider la douane à combattre efficacement les infractions douanières ou à permettre au monde des affaires de prévenir les conflits ou de se défendre lors des litiges.
(Coll. Harmattan Cameroun, 23.50 euros, 232 p.)
ISBN : 978-2-343-05443-8, ISBN EBOOK : 978-2-336-37185-6

LES RÉALITÉS ET LES DÉFIS D'UNE RENAISSANCE AFRICAINE
Mavoungou-Pemba Pénélope-Natacha, Tounkara Sidy, Lolo Chadon Adam Chantal
Préface du Pr Ernest-Marie Mbonda
«À quand l'Afrique ?» : Le professeur Joseph Ki-Zerbo se situe dans la ligne de mire du savant sénégalais Cheikh Anta Diop, qui se demandait dès 1948 : «Quand pourra-t-on parler d'une renaissance africaine ?» La renaissance, le mot est lâché ! Les auteurs de cet ouvrage essaient d'apporter des éléments de réponse à la question du «comment» de la renaissance africaine, en perspective des réalités que vit l'Afrique d'aujourd'hui.
(Coll. Études africaines, 35.00 euros, 342 p.)
ISBN : 978-2-343-04791-1, ISBN EBOOK : 978-2-336-36913-6

AFRICAN RENAISSANCE
South Africa's Foreign Policy and the Quest for African Development
Elessa Guy - Préface de Jean Emmanuel Pondi
Although readers' awareness of African Renaissance concept's rise is the point, the major focus remains its link with South African Foreign Policy. Despite glorious achievements, South Africa seems to be an African paradox. The scourge of the HIV/AIDS, high criminality rate, unemployment and the relics of the Apartheid system are still freezing the smooth development and the international outreach. To sum up, this book offers a smooth and easy reading, with challenging questions.
(Coll. Harmattan Cameroun, 27.00 euros, 262 p.)
ISBN : 978-2-343-05245-8, ISBN EBOOK : 978-2-336-36934-1

L'HYPOTHÈSE PANAFRICANISTE
Moutoudou Albert
Contre chaque difficulté d'importance, les chefs d'État africains semblent impuissants au point de requérir constamment l'aide de la communauté internationale, notamment celle des anciennes puissances coloniales. Où est donc l'erreur ? La fragilité des États issus des frontières de la colonisation est avérée et des parasites locaux font régner le désordre nécessaire au pillage des cartels internationaux. Selon l'auteur, l'Afrique doit changer de logiciel, en commençant par l'unité politique.
(Coll. Points de vue, 12.50 euros, 110 p.)
ISBN : 978-2-343-05450-6, ISBN EBOOK : 978-2-336-37011-8

L'AFRIQUE EST-ELLE DÉMOCRATISABLE ?
Constitution, sécurité et bonne gouvernance
Kuengienda Martin
L'Afrique n'a pas besoin d'hommes forts mais plutôt d'institutions fortes pour promouvoir la démocratie et la bonne gouvernance. Aujourd'hui, c'est la modification des constitutions qui ravage l'Afrique avec deux tendances distinctes : la conservation coûte que coûte du pouvoir ou la démocratisation. Le respect des institutions et la bonne gouvernance doivent contribuer à l'amélioration des conditions de vie, des cadres sociaux et économiques et de la lutte contre la pauvreté.
(Coll. Points de vue, 22.00 euros, 220 p.)
ISBN : 978-2-343-04961-8, ISBN EBOOK : 978-2-336-36991-4

INDUSTRIALISATION ET DÉVELOPPEMENT ÉCONOMIQUE ACCÉLÉRÉS EN AFRIQUE
Création de bases industrielles régionales
Sangare Louis
Ce livre examine les enjeux économiques de l'industrialisation du continent africain et décrit les défis que les Communautés économiques régionales de l'Union africaine doivent affronter pour enclencher une industrialisation et un développement économique accélérés. Non seulement l'industrie crée la richesse, elle est constituée principalement de technologies, et à ce titre, elle est le secteur pourvoyeur et propagateur de la technologie et de la modernité dans toute l'économie. L'industrie est source de productivité économique.
(Coll. Études africaines, 27.00 euros, 258 p.)
ISBN : 978-2-343-05584-8, ISBN EBOOK : 978-2-336-37059-0

ENFANT NOIR D'AFRIQUE CENTRALE
Essai
Mbuyi Mizeka Alfred - Préface de Jean-William Wallet
Ces réflexions tentent d'appréhender la connaissance de l'enfant noir africain sous tous les angles. Loin de prétendre à une exhaustivité, l'ensemble se veut une contribution à une meilleure vision de l'enfant noir africain. Hormis les contingences circonstancielles de son milieu d'origine, il n'est en rien différent de tout autre enfant du monde.
(Coll. Rue des écoles, série Essais, 23.00 euros, 226 p.)
ISBN : 978-2-343-04414-9, ISBN EBOOK : 978-2-336-37055-2

À TRAVERS L'AFRIQUE
Baratier Albert - Présentation d'Antoine Champeaux, avec la collaboration de Roger Little
Albert Baratier (1864-1917), officier de cavalerie dans l'armée d'Afrique et dans l'armée métropolitaine, est acteur des grandes missions militaires confiées aux troupes coloniales en Afrique noire, en particulier celle du commandant Marchand, «de l'Atlantique à la mer Rouge». Précurseur échappant aux clichés réducteurs, soldat au destin brutalement interrompu, il est un témoin majeur de la constitution de l'empire colonial français et une des grandes plumes de la littérature militaire.
(Coll. Autrement Mêmes, 25.00 euros, 222 p.)
ISBN : 978-2-343-05652-4, ISBN EBOOK : 978-2-336-370357-8

L'HARMATTAN ITALIA
Via Degli Artisti 15; 10124 Torino

L'HARMATTAN HONGRIE
Könyvesbolt ; Kossuth L. u. 14-16
1053 Budapest

L'HARMATTAN KINSHASA
185, avenue Nyangwe
Commune de Lingwala
Kinshasa, R.D. Congo
(00243) 998697603 ou (00243) 999229662

L'HARMATTAN CONGO
67, av. E. P. Lumumba
Bât. – Congo Pharmacie (Bib. Nat.)
BP2874 Brazzaville
harmattan.congo@yahoo.fr

L'HARMATTAN GUINÉE
Almamya Rue KA 028, en face
du restaurant Le Cèdre
OKB agency BP 3470 Conakry
(00224) 657 20 85 08 / 664 28 91 96
harmattanguinee@yahoo.fr

L'HARMATTAN MALI
Rue 73, Porte 536, Niamakoro,
Cité Unicef, Bamako
Tél. 00 (223) 20205724 / +(223) 76378082
poudiougopaul@yahoo.fr
pp.harmattan@gmail.com

L'HARMATTAN CAMEROUN
BP 11486
Face à la SNI, immeuble Don Bosco
Yaoundé
(00237) 99 76 61 66
harmattancam@yahoo.fr

L'HARMATTAN CÔTE D'IVOIRE
Résidence Karl / cité des arts
Abidjan-Cocody 03 BP 1588 Abidjan 03
(00225) 05 77 87 31
etien_nda@yahoo.fr

L'HARMATTAN BURKINA
Penou Achille Some
Ouagadougou
(+226) 70 26 88 27

L'HARMATTAN SÉNÉGAL
10 VDN en face Mermoz, après le pont de Fann
BP 45034 Dakar Fann
33 825 98 58 / 33 860 9858
senharmattan@gmail.com / senlibraire@gmail.com
www.harmattansenegal.com

L'HARMATTAN BÉNIN
ISOR-BENIN
01 BP 359 COTONOU-RP
Quartier Gbèdjromèdé,
Rue Agbélenco, Lot 1247 I
Tél : 00 229 21 32 53 79
christian_dablaka123@yahoo.fr

Achevé d'imprimer par Corlet Numérique - 14110 Condé-sur-Noireau
N° d'Imprimeur : 123746 - Dépôt légal : novembre 2015 - *Imprimé en France*

www.ingramcontent.com/pod-product-compliance
Lightning Source LLC
LaVergne TN
LVHW021226061026
849535LV00008B/2949
9782343069289